PROFESSIONNEL
DU VIDE

DU MÊME AUTEUR

La Montagne à mains nues (Flammarion, 1971)

342 heures dans les Grandes Jorasses (Flammarion, 1973)

Protégeons la montagne (Nathan, 1978)

René DESMAISON

PROFESSIONNEL DU VIDE

Photos de l'auteur

ARTHAUD

ISBN 2-7003-0288-5
Printed in France

1

Le couloir Gervasutti

La rimaye béante exhale une odeur fétide de cave humide venue des bas-fonds du glacier. Dans l'épaisseur rigide du couloir tranchée net à la rupture du glacier, entre les couches de neige, de glace mêlée de graviers, des filets d'eau ruissellent. Les premiers gels de la nuit n'ont pas encore pétrifié les couches profondes.

Une lune livide éclaire en plein le glacier, efface tous reliefs. Les granits en bordure du couloir ont une apparence argentée en harmonie avec les indéfinissables reflets de la glace et de la neige.

Edouard allume sa lampe frontale, regarde sa montre.

— 11 heures, dit-il, nous avons bien marché. Une bonne heure depuis le refuge. Il ne fait pas très froid!

— On a marché vite. Dans deux heures il fera plus froid!

Les prévisions météorologiques dont nous avons pris soin de nous informer sont bonnes pour la matinée de demain. Dans l'après-midi, le temps doit se dégrader. En attaquant le couloir aux premières heures de la nuit, nous disposons d'une marge suffisante pour atteindre le sommet et rentrer au refuge sans avoir à affronter un orage possible, si dangereux sur les arêtes du Mont-Blanc.

— La forme est bonne, je ne suis pas essoufflé, me dit Edouard.

— Parfait. Nous serons sortis du couloir avant le jour et au refuge pour le petit déjeuner.

Nuit belle, presque étrange. Un guide et un alpiniste au pied d'un couloir glaciaire, à 23 heures. Isolés, pour quelques heures, de tous les problèmes de l'humanité, loin de l'ambiguïté d'une société organisée, endiguée. Entre eux et le monde, la longueur d'un couloir, la hauteur d'un sommet, l'inconnu de l'instant à venir. Chacun dans sa propre responsabilité. Le premier de cordée et son compagnon qu'il doit conduire par l'itinéraire et le sommet de son choix. Le deuxième de cordée attentif à chacun de ses pas. Conscient de la fragilité d'une cordée sur une pente de glace. Conscient qu'il doit, au moindre incident, prévenir à temps, ne pas s'effacer dans la fatigue, rester toujours présent. Une course, même avec un guide, se gagne à deux. Un guide et son client, mais d'abord deux amis.

Edouard Martin, intellectuel par définition — il est psychanalyste —, a en plus d'une activité et d'une conscience professionnelle marquantes une exigence absolue de dépense physique. Solidement charpenté, large d'épaules, mesurant un mètre quatre-vingts, il pratique le cross, le cyclisme, la culture physique... et l'alpinisme.

Cheveux argentés et bouclés, visage ouvert au sourire charmeur, teinté parfois d'une pointe d'ironie, une apparence de cynisme — mais ce n'est qu'une apparence : l'homme est profondément bon. Une personnalité attachante et particulière. Quand on le rencontre pour la première fois, si l'on ignore sa profession, on pourrait très bien l'imaginer artiste, compositeur, écrivain, voire pianiste (de génie, mon cher Edouard, de génie...).

Edouard Martin est en conflit perpétuel avec lui-même. L'immobilité, la concentration indispensable à l'exercice de sa profession s'opposent en lui au besoin impératif d'activité physique. En montagne, loin de ses patients, il est quelquefois distrait, ce qui peut mener à certaines situations, je ne dirai pas gênantes ou embarrassantes, mais plus simplement déconcertantes, comme la perte d'un piolet, d'un marteau, de mousquetons dans un itinéraire où ils semblent indispensables!

En montagne, tout le monde perd du matériel. Les rimayes en sont truffées. Non, pas d'accent péjoratif dans ce que je dis là. Edouard Martin est un ami très cher. Il est courageux. Sa confiance en moi est totale. Nous avons gravi ensemble des parois difficiles comme la face ouest des Drus, réalisé de belles premières, et c'est ainsi que nous nous trouvons en bordure de cette rimaye, à l'entrée du couloir Gervasutti, à 23 heures. Une heure inconvenante, pourrait-on penser, pour une ascension glaciaire de cette catégorie, mais, en montagne, la glace et la neige sont les éléments les plus dangereux, les plus trompeurs. En quelques heures, sous l'influence d'une température plus élevée, une pente de neige dure où les crampons s'enfoncent solidement peut se transformer en une surface mouvante.

Le couloir Gervasutti, dans l'alpinisme d'aujourd'hui, n'est plus considéré comme une ascension de grande difficulté, tout en restant cependant une affaire sérieuse.

C'est un couloir élégant dans sa forme. Une grande rayure dans le versant nord-est du mont Blanc du Tacul. Haut de huit cents mètres, il se divise, dans sa partie supérieure, en deux branches qui lui donnent la forme d'un Y. Entre les deux branches, une barre de séracs alimentée par les pentes supérieures.

Les skieurs qui dévalent, au mois de février, la vallée Blanche, peuvent le voir, s'ils prennent le temps de s'arrêter, s'ils sont sensibles au merveilleux spectacle de ce versant du Tacul. Il apparaît alors d'une raideur effroyable, comme tout couloir, toute pente de glace vus de face. Il ne l'est pas vraiment.

Incliné à quarante-cinq degrés dans son premier tiers, il se redresse dans sa partie médiane à cinquante degrés. Dans le dernier tiers la branche droite reprend l'inclinaison de quarante-cinq degrés. En revanche, la branche de gauche atteint les cinquante-cinq degrés.

Les alpinistes, suivant leur niveau technique, les conditions de neige, l'aspect paisible ou inquiétant des séracs, empruntent l'un ou l'autre de ces deux itinéraires de sortie au sommet.

Ce couloir, je l'ai gravi un bon nombre de fois, en amateur, en solitaire, en professionnel... Ascension où généralement tout se passe bien si l'on observe certaines règles élémentaires. Et pourtant nous ne sommes pas près d'oublier les instants de frayeur vécus dans ce splendide toboggan. Des instants à faire dresser les cheveux sur la tête..., à les perdre tous..., à les voir devenir, en une seule nuit, aussi blancs que neige.

Imaginez-vous sur une route étroite bordée de hauts murs. Un camion lancé à toute vitesse se précipite sur vous. Aucune possibilité de vous échapper, de quitter la route ne vous est offerte. Peut-être vous allonger, vous aplatir au sol, avec l'espoir insensé de passer entre les quatre roues... si le châssis est assez haut! Vous y êtes? Alors vous comprendrez l'émotion qui, cette nuit-là, nous saisit des pieds à la tête en une fraction de seconde.

La lèvre supérieure de la rimaye, la tranche du couloir, haute de quatre mètres, est déversée. Les profondeurs noires de la rimaye nous en séparent. Dans l'axe du couloir, à l'aplomb de la goulotte d'avalanche, un pont de neige friable, originaire des coulées, enjambe le trou. Là, la tranche de glace est réduite à deux mètres. Les deux piolets enfoncés dans la glace à hauteur différente, je pénètre dans la goulotte : un énorme sillon, profond de deux mètres cinquante, large de quatre, aux parois dures et glacées, griffées de larges rayures brillantes sous la lune. Je n'avais encore jamais vu dans ce couloir une goulotte d'avalanche aussi profonde.

Les pointes acérées des crampons s'enfoncent à peine de deux centimètres, mais tiennent bien sur la surface laminée. Je quitte cet endroit exposé à des dangers mortels, m'en écarte de quelques mètres vers la droite. Edouard me rejoint, très vite, corde tendue.

Sous nos pieds, le cône étire ses lignes fuyantes. D'abord très pentues, elles deviennent vite plus douces. Puis les formes s'élargissent, s'étalent, se confondent avec le glacier, s'estompent dans l'uniformité de la lumière nocturne.

Sur la neige où pénètrent bien les pointes des crampons, nous gravissons les premiers deux cents mètres, jusqu'au redressement rocheux qui nous repousse sur la gauche, au centre du couloir. Nous traversons la goulotte vers l'autre rive. Cent mètres plus haut, la neige disparaît et laisse place à une glace dure et noirâtre. La lune, poursuivant sa vaste ronde cosmique, glisse derrière les arêtes et nous plonge dans l'ombre des grands piliers du Tacul. Les ténèbres se resserrent autour de nous. Soudain, sortis du néant, des nuages rapides défilent sous les étoiles en direction du nord-est. Très haut, dans les froides altitudes, un fort vent du sud-ouest balaie le ciel.

Nous observons ce ciel, la folle course des nuages, le glacier luminescent. Redescendre?... Trois cents mètres, ce n'est pas une affaire!... Les nuages disparaissent comme ils sont venus, soudainement.

Il est minuit trente. Cinq cents mètres plus haut, la crête de glace. Deux heures, trois au plus... et la face nord, facile à redescendre.

Sur la glace vive, Edouard, moins habitué au cramponnage sur les quatre pointes avant, perd du temps, et tailler des marches serait long. D'après les renseignements d'une cordée qui a gravi le couloir quelques jours plus tôt, je pensais ne trouver que deux longueurs de glace vive. C'est une nappe dure et noire de deux cents mètres qui se dresse devant nous. Dans l'obscurité, nous ne pouvons, pour le moment, en apprécier la hauteur. Je retourne dans la goulotte. Dans la glace tendre j'enfonce de dix centimètres la lame de mon piolet et assure Edouard. En deux longueurs nous gravissons quatre-vingts mètres. Les deux rives du couloir se rapprochent, nous sommes dans sa partie la plus étroite, la plus redressée.

Les rayons de nos lampes frontales font scintiller le froid cristal. Je me sens entouré d'un monde bizarre. Dans cette nuit devenue profonde, dans ce monde minéral, déversé, où seules de petites pointes d'acier sous nos chaussures maintiennent notre équilibre, j'éprouve de façon inhabituelle un sentiment d'insécurité. Cette longue glissière à avalanches m'inquiète tout à coup.

Je quitte à nouveau la goulotte et traverse de quelques pas à gauche. Sur la plaque de glace je taille une marche assez grande et plante une broche solide. Mon compagnon est près de moi, assuré au mousqueton passé dans l'anneau de la broche. Pour aller plus vite, je m'attache à un seul brin de la corde double de neuf millimètres. Je ferai ainsi une longueur de quatre-vingts mètres. Un relais de moins à tailler.

J'ai hâte de quitter l'étroit couloir. Au-dessus de nous, trois cents mètres plus haut, la barre de séracs nous domine, menaçante, redoutable.

Je monte de dix mètres, quinze mètres, vingt mètres en piolet traction, sur les pointes avant de mes crampons. La glace est très dure. En montant je cherche le meilleur chemin pour Edouard. Je me rapproche de la goulotte où, en bordure, la glace est plus tendre. Seuls le crissement des crampons, le bruit sec de la lame du piolet qui pénètre tous les trois pas dans la glace, rompent un silence pesant.

Pourquoi cette hâte? Cette sourde inquiétude?

Je m'arrête un moment pour reprendre mon souffle, les crampons bien plantés dans la glace, appuyé des deux mains sur le piolet. Fulgurante, une détonation traverse la nuit, suivie d'un horrible craquement. Instant d'épouvante, de peur animale... Une tranche de glace vient de se détacher des séracs. Des tonnes de glace fondent sur nous.

L'estomac, le ventre se serrent. Le visage se vide de son sang. Désir puissant, irraisonné, de hurler. Dans la partie resserrée du couloir, aucune chance d'échapper à la force phénoménale qui se précipite dans l'étroit passage. Et pourtant, au travers de la peur, en une fraction de seconde, le réflexe : s'il est, malgré toute vraisemblance, une seule chance d'échapper aux blocs de glace, c'est à gauche, le plus loin possible de la gouttière où passera le gros de l'avalanche.

Je bondis sur la pente, cours sept à huit mètres. Il n'est plus temps de songer aux finesses de la technique, c'est la vie qui est en jeu. Le souffle glacé qui précède les premiers blocs de glace me pénètre déjà. Animé d'une volonté, d'une force désespérées, dans le désir de m'incruster, de m'incorporer à la glace du couloir, je plante crampons et piolet. Muscles bandés, nerfs tendus à éclater, j'attends, sans espoir de pouvoir lui résister, le choc qui m'arrachera à la glace. Rapides, les images des instants à venir défilent en moi. Je vais mourir, c'est certain. Ce sera un choc violent qui me projettera dans le couloir. Je ne sentirai rien, tout au moins aucune douleur physique. Edouard se trouve vingt mètres plus bas, juste dans l'axe direct. Quarante mètres de chute. La corde en simple va casser. Si ce n'est la corde, ce sera la broche. Sur une pente de glace de cinquante degrés, le coefficient de frottement est presque nul. C'est la chute libre. De toute façon, si je reste rivé à mon piolet, si aucun projectile ne m'arrache, c'est Edouard qui sera emporté par l'avalanche et je serai à mon tour catapulté par la corde qui nous lie. Des bruits effrayants nous enveloppent, sifflements, hurlements, souffle puissant, bruits d'écrasement, de rebondissement, sur les notes les plus aiguës et les plus basses. Le couloir semble vibrer dans l'air compressé, dans le bousculement des blocs de glace.

Brusquement tout s'éloigne. Le bruit s'engloutit, aspiré vers le bas, dans la nuit du couloir. Le silence figé, la nuit minérale, une fraction de temps, d'immobilité, et de nouveau la réalité, la vie. Je suis là, tendu sur mes crampons, mon piolet.

Qu'est-il advenu de mon compagnon? Il est toujours là, en dessous. Je vois le halo de sa lampe. L'incroyable miracle!

— Edouard, ça va?... Tu n'as rien?

— Non... ça va.

Nous sommes *vivants*! Je prends conscience de ma position. Ma lampe frontale pend dans mon dos. Dans l'obscurité, je dois effectuer une conversion sur mes crampons, faire demi-tour, rejoindre la bordure de la goulotte, monter au plus vite. Le sérac peut encore casser, se libérer de son trop-plein. Mais la rapidité d'action qui nous a sauvés peut maintenant nous perdre; la hâte de fuir, nous amener à commettre l'erreur fatale.

Je reste un instant immobile, dans l'angoisse d'une autre avalanche possible, imminente. Mais d'abord retrouver le calme, attendre que les pulsations de mon cœur reprennent un rythme normal.

Enfin je traverse la pente, lentement, le piolet bien ancré à chaque pas. Tout me paraît invraisemblable. Nous sommes *vivants*!

Je taille rapidement une large marche et plante une broche, deux broches dans la glace. Je tire la corde. Edouard monte. Nous sommes frémissants de frayeur. Sur nos vêtements, une fine poussière brille dans la lumière jaune de nos lampes. Le gros de l'avalanche est bien passé là, débordant largement de la tranchée de glace. Edouard a entendu le grondement de cataracte sur sa droite.

Descendre, il n'est plus temps, ce serait s'exposer davantage : les blocs de glace ont balayé le couloir. Inquiets, l'oreille aux aguets, nous reprenons donc notre progression. Plusieurs craquements sans suite nous font frémir.

Cent mètres plus haut, nous pénétrons dans le large entonnoir formé par les deux branches du couloir. Les séracs nous dominent de leur masse énorme, mais nous ne sommes plus dans l'axe de leur tir dangereux. Enfin libérés d'une grande tension, nous nous arrêtons. Alors seulement, à ce moment-là seulement, nous constatons qu'il n'y a plus d'étoiles. Le ciel lui-même a disparu. Aujourd'hui l'aube ne se lèvera pas.

Sur l'épais bourrelet de la crête, ballet silencieux d'un autre univers, des masses informes bondissent entrelacées, puis, alourdies d'humidité, glissent dans le couloir, s'enroulent autour des séracs, s'étalent en longues nappes blêmissantes. Venue des horizons, la tourmente s'appuie sur la face nord. Nous n'en percevons pas encore les déchirements, les souffles puissants et féroces. Nous émergeons dans un sanctuaire de lumières livides, intemporelles.

Appuyés épaule contre épaule, nous observons le haut de l'entonnoir, cherchant dans la corniche le passage, le créneau qui nous permettra de franchir le débordement de neige, le mufle glacé.

Un bloc de glace, cent mètres plus haut, bondit dans la pente, file comme un obus, éclate en fragments gros comme le poing. L'un d'eux précipite sa course droit sur nous.

— Attention, Edouard! Il est pour nous!

Une douleur sèche irradie dans mon bras gauche. La nausée au bord des lèvres, je me plie en criant : « Mon bras est cassé! » Qu'allons-nous devenir dans ce couloir? Mon bras cassé — la tempête qui s'accumule sur les hauteurs... De la main droite j'essaie de trouver, de sentir la cassure de l'os. Mon bras semble paralysé, bloqué à l'articulation du coude et de l'épaule. Je palpe au travers des vêtements. L'os semble intact. Edouard m'aide à remuer le bras, la douleur aiguë devient plus sourde.

— Comment te sens-tu?

— Ça va mieux, dans quelques minutes je pourrai me servir de mon bras. Heureusement ce n'est pas le droit. Tu imagines... Encore une sacrée chance!

— Tu pourras te servir de ton piolet?

— Oui, si rien ne se complique. Il faut quitter le couloir.

On ne peut rester plus longtemps à sa merci. Si la température s'adoucit encore, une corniche peut casser. Dommage, par le couloir, en moins d'une heure on était en haut.

— Par où allons-nous passer?

— A droite, par l'arête rocheuse.

— Ce sera plus long?

— Beaucoup plus long, les rochers sont très enneigés, mais ce sera plus sûr. Mon bras va m'handicaper sérieusement.

Sur les rochers de l'arête qui longe le couloir depuis le glacier jusque sous la corniche, nous enfonçons par endroits à hauteur de taille dans cette neige alourdie par la moiteur de l'air.

Notre progression s'est sensiblement ralentie. Mon bras lourd ne nous aide guère (le lendemain, il sera noir de l'épaule au coude, gonflé d'un large hématome).

La neige propulsée par les vents d'ouest déborde du sommet et ruisselle autour de nous. Les sombres nuées sont arrivées bien avant le temps prévu, mais les remous des forces en mouvement ne pénètrent pas encore dans le couloir où le silence est à peine troublé par le ruissellement de la neige.

Le songe d'une arrivée nocturne au sommet du mont Blanc du Tacul s'est depuis longtemps dilué dans la réalité des premières lueurs blafardes. Au rythme lent de notre progression, les heures ont fui. Dans l'immédiat, nous n'avons conscience que des pièges à déjouer, des gestes a *ne pas* faire.

Nous allons enfin échapper aux profondeurs du ravin glacé, à la chair putride du couloir qui s'effondre en flots laiteux, plus denses à chaque minute passée; quitter ce versant ténébreux et plonger à grands pas dans la face nord où, malgré les tourbillons de neige soulevés par le vent, nous trouverons pour nous guider les traces profondes laissées par les nombreuses cordées qui montent quotidiennement au mont Blanc du Tacul.

Nous ne savons pas encore que nous fuyons un enfer pour pénétrer dans un autre tout aussi redoutable.

Le haut de l'arête rocheuse se redresse brusquement et disparaît dans la glace. La crête blanche, verticale sur quinze mètres, surmontée d'un énorme mufle, nous ôte tout espoir de sortie directe. Nous devons traverser à gauche sous l'impressionnant bourrelet de neige, bas-relief comme fait d'entités hurlantes.

Par longueurs très courtes de dix mètres, nous traversons vers l'aplomb du couloir, cherchant un passage, une échancrure dans la corniche. Dans la pente extrêmement raide, sous la courbe de la corniche, la neige s'effondre. Notre sécurité est des plus précaires. Edouard se sent mal à l'aise dans ces traversées horizontales. Je surveille chacun de ses pas.

Une brèche apparaît. Je débouche enfin sur la crête. La puissance du vent me surprend. Plié en avant face au vent, je m'éloigne de la corniche et taille dans la neige un trou pour bien me caler. Inutile d'appeler Edouard, il ne m'entendrait pas. J'imprime à la corde de violentes tractions. Il comprend qu'il doit me rejoindre et bientôt apparaît, plié, aveuglé à son tour par la tourmente.

Des tourbillons de neige se font et se défont, bondissant vertigineusement. De nos mains nous protégeons nos yeux que les flammes de neige viennent brûler cruellement. Nous mettons nos lunettes. Mais vite le givre les recouvre, comme nos vêtements, les mousquetons, les broches à glace à nos ceintures. Nous avançons aveugles dans la tourmente.

Attendre l'apaisement de la tempête!

Un jour, deux, trois, ou plus... On ne peut pas savoir. Nous ne sommes pas équipés pour le bivouac. J'ai bien au fond de mon sac une tente légère, mais Edouard n'est pas assez entraîné pour passer une nuit supplémentaire en altitude, surtout dans ce vent glacial.

La tourmente, il en avait déjà perçu — ou cru percevoir — les accents au cours des traditionnelles conversations animées entre guides et alpinistes dans les refuges ou dans les bars, quand on a bu juste assez de vin pour se retrouver dans cet état d'euphorie qui précède l'ivresse, lorsque plus rien n'est impossible pour les esprits surchauffés des narrateurs, et qu'ils mêlent avec emphase, phantasme et réalité. (Et leurs rêveries sont telles qu'ils finissent eux-mêmes par croire ce qu'ils disent. Héros magnifiques de la mythologie, de la mythomanie.) Maintenant, ce ne sont plus des mots.

Les rochers du sommet apparaissent puis s'effacent entre les tourbillons, les bouillonnements blancs. Prendre une direction précise, au paroxysme des pulsations de la tempête, semble une gageure. Il faut pourtant fuir cette montagne, sans se confier aux inconnues d'une descente approximative. Les écarts hors de la bonne piste ne peuvent dépasser quelques dizaines de mètres. A droite, de dangereux séracs; à gauche, les pentes avalancheuses fuyant vers les profondeurs du col du Midi. Chevauchements de séracs éclatés et d'énormes coulées de neige.

Sur la glace dénudée et grise nous cherchons en vain les premières traces d'une piste. Le vent les a effacées, rabotées, arrachant la moindre parcelle de neige. Les trouverons-nous plus bas, dans la face nord où la neige s'accumule, s'il n'est pas déjà trop tard?

Je retrace mentalement l'itinéraire : descendre vers le col

Maudit en direction du sud-ouest, sur deux cents mètres. Et là, dans la ligne de pente, chercher vers le nord une amorce de piste. Mais où est le sud, l'ouest, le nord? On ne peut se fier à la direction du vent. Il vient de partout. De nulle part. Il monte à la verticale, replonge et se ramasse en larges mouvements concentriques.

Nous avançons, aveugles, pas à pas, sur l'arrondi du sommet. A l'amorce de la face nord, dans la neige, aucune trace, aucun relief. Tout est comblé, nivelé. Nous obliquons à droite dans la face nord. On enfonce très vite jusqu'aux genoux. Impossible de voir à plus de trois mètres. Des formes blanches naissent du vent, s'agitent, disparaissent et reviennent, nous donnent le vertige. Notre progression, sans visibilité, peut nous conduire à la catastrophe : une crevasse, un sérac que nous ne verrions pas à temps... Nous ne pouvons pas continuer à marcher ainsi.

— Edouard, tu vas descendre droit dans la pente, je te tiens à la corde. Si la pente dépasse quarante degrés, tu t'arrêtes; nous ne sommes pas dans la bonne voie.

— Bien... J'y vais... Mais vraiment, je n'y vois rien.

— Lorsque la corde se tend, tu t'arrêtes.

Edouard avance, s'efface dans la tourmente, dans la blancheur opaque. Sa voix me parvient presque inaudible et pourtant il est là, encore tout près.

— René, je ne vois rien!

— Ça ne fait rien, continue à avancer!

Aux mouvements de la corde, je sens sa marche hésitante. Je laisse filer trente mètres, puis je la bloque. A l'autre bout, Edouard s'est arrêté. J'attends plusieurs secondes pour être certain qu'il a bien compris le signal. Je le rejoins. Nous recommençons trois fois la même manœuvre.

Brusquement la pente s'accentue : une cassure très marquée. Ce n'est pas là! Nous devons remonter, recommencer plus loin, vers le col Maudit. Déjà nos traces s'effacent et la pente reprend son apparence de terrain vierge, de sol jamais foulé.

La tempête continue à déverser ses flots laiteux et glacés. Nous rejoignons la croupe de glace. Il est midi trente. Nous marchons depuis plus de quatorze heures. La présence du danger nous ôte toute fatigue, nous stimule même. Il faut descendre à tout prix, atteindre le refuge avant la nuit.

Cent mètres plus loin, nous plongeons dans la pente. Cette fois moins raide. La neige est plus profonde. Nous enfonçons à mi-cuisse et bientôt jusqu'au ventre. Edouard me suit, un peu en arrière. Nous traçons une diagonale vers la droite. A un certain point qu'il me faudra évaluer, nous devrons prendre un axe direct dans la ligne de plus grande pente. Là, il ne faudra pas se tromper.

Par temps clair, sur une neige dure, on rejoint d'ici le refuge en moins de deux heures. Dans le brassage de l'air où se bousculent des milliards de particules glacées qui nous cinglent le visage, recouvrent nos vêtements de glace, où la surface de la pente se fond dans le déchirement de la tourmente, les distances prennent une autre figure, d'autres dimensions. Les heures passent, sans durée.

Depuis que nous avons quitté la croupe de glace, une nouvelle inquiétude a surgi. Un nouveau danger se précise. La neige que je repousse devant moi en creusant une trace profonde déclenche de minces coulées qui s'élargissent très vite et s'engouffrent dans le brouillard. Je sens autour de nous des forces ramassées, destructrices, prêtes à bondir. A tout instant la pente peut se mettre en mouvement. C'est fréquent sur ce versant avalancheux lorsque la neige s'accumule en couches trop épaisses. De ces avalanches il ne faut attendre, espérer aucune clémence.

J'ai retiré mes lunettes couvertes de glace, et de mes yeux douloureux je scrute la pente devant moi, à gauche, à droite. Je m'arrête, me protège le visage de mon bras puis repars.

Edouard, le buste ployé, me suit pas à pas. Je me retourne par moments pour lui demander :

— Ça va, Edouard?

— Oui, ça va.

— Pas trop froid?

— Non, pas trop.

Rien d'autre à dire. Nous avançons enlisés dans un marais de gel. Tant que nous serons en mouvement, nous conserverons notre chaleur. Une nuit d'immobilité dans la neige, même blottis sous la tente de bivouac, serait catastrophique pour mon compagnon moins habitué à d'aussi rudes conditions.

Nous traversons depuis assez longtemps et je pense avoir atteint le point où il faut descendre dans l'axe direct de la pente. Dans cette partie plus pentue, Edouard passe devant. Je le suis à trois mètres, la corde bien tendue. La neige qu'il repousse dans sa progression fuit devant nous en longues cascades. Chuintements, bruissements inquiétants. Si elle partait derrière nous, de la même façon, nous serions irrémédiablement emportés sans pouvoir nous rattraper, nous freiner, d'une quelconque façon. Si nous sommes dans le bon passage, nous allons aboutir au-dessus d'une large crevasse, dont la bordure supérieure en amont domine de plusieurs mètres la bordure inférieure. Passage marquant sur l'itinéraire de la face nord. A droite et à gauche de cette crevasse, d'autres s'ouvrent, plus hautes ou plus profondes.

En observant les coulées qui glissent dans la ligne de pente, je m'aperçois qu'Edouard se dirige trop sur la droite. Il corrige sa progression, revient un peu sur la gauche. Comment être sûr que nous sommes dans la bonne direction? Pourquoi ne pas passer plus à gauche, ou à droite?... Mais c'est mon idée, une intuition à laquelle je me fie totalement.

Je reprends la tête de la cordée en recommandant à Edouard de faire bien attention à chacun de ses pas.

La crevasse ne doit pas être très loin. Il faudrait peu de chose pour glisser, être emportés par-dessus l'arrondi de son rebord, si on ne la voyait pas assez tôt.

J'avance en fouillant la neige avec mon piolet, à chaque pas.

Soudain, juste à ma droite, tout près, une forme allongée, une transparence turquoise... Puis plus rien, le brouillard, la neige brassée. Et de nouveau, fugitive, une apparition bleue, vite effacée. Une cavité? Un relief? Une crevasse? Un sérac? Instant de doute. Si c'est un sérac, nous sommes trop à droite. Une crevasse... alors je suis en plein dessus.

— Edouard, tends la corde! Cale-toi bien dans la neige!

Edouard assure sa position, s'enfonce dans la neige.

Je recule de quelques pas.

Je cherche en vain la forme entrevue. Je repars en avant, fouillant, sondant la neige sans résistance. J'avance avec mille précautions. Rien. Je ne décèle aucune profondeur noire. La corde s'allonge derrière moi. L'inclinaison de la pente devient plus forte... Un court replat... L'apparition bleue est là, au-dessus de moi. C'est le bord supérieur de la crevasse. Je viens de la contourner par la gauche. Nous sommes sur le bon itinéraire. J'appelle Edouard pour lui faire part de ma découverte. Pour lui dire de me rejoindre. Le vent m'arrache les mots. Il ne m'entend pas. Je tire à coups secs sur la corde, plusieurs fois. Il a compris. Lentement la corde vient vers moi.

De là, d'après la forme actuelle du glacier, il n'y a plus de difficultés pour atteindre le col du Midi; traverser cent mètres à l'horizontal, descendre en tirant toujours sur la droite. Si nous sommes trop haut, les premiers rochers qui bordent la face nord de ce côté nous indiqueront notre position.

Malgré l'épaisseur de la neige, nous accélérons notre marche. Nous avons hâte de fuir ces passages dangereux. Sur les hauteurs où nous étions il y a quelques heures, les pentes en rupture d'équilibre ne vont plus tarder à bouger. Ce sera d'abord une secousse profonde, puis un long frémissement en surface. Toute la pente se mettra en mouvement, lentement et avec une force phénoménale, précédée d'un rouleau d'air compressé, auquel rien ne résiste. La neige dans toute son épaisseur, en formes blanches, convulsives, bondira, entraînant, broyant, ensevelissant tout ce qui pourra se trouver sur sa trajectoire : l'avalanche de poudreuse, la plus redoutable.

Nous avançons sur un terrain maintenant horizontal. La face nord est derrière, nous l'avons enfin quittée. La marche vers le refuge va être pénible. Le danger imminent disparu, la tension se relâche et la fatigue pèse lourdement. Une dernière difficulté surgit : trouver le refuge au-delà de l'uniformité blanche et plate du col. Vers la droite?... Vers la gauche où les nuées rassemblées viennent se déchirer, se libérer de leurs charges de neige?... La force du vent n'a pas fléchi, il semble au contraire augmenter de puissance et les ondées de neige projetées en longues spirales nous flagellent encore plus durement. Nous avançons pliés en avant, le souffle coupé. Je m'arrête, incertain sur la direction à prendre. Il ne faudrait pas se laisser dériver vers le col du Rognon, à droite. Par beau temps, imaginer que l'on puisse se perdre sur ce col ferait sourire. Mais là, dans le bouleversement de ce ciel démonté...

Edouard s'est approché de moi, silhouette blanche sortie du glacier. Je le sens fatigué. Il est grand temps d'atteindre le refuge, de sortir de cet enfer.

— René, tu penses que nous allons trouver le refuge avant la nuit?

— Ne t'inquiète pas, nous y serons bientôt.

— Avant la nuit?

— Dans une heure, deux au plus.

— Il est 15 heures.

— Ça ira, Edouard, nous avons une direction précise.

— Laquelle?

— Le nord.

— Le nord?

— Oui, le nord.

— Comment le sais-tu?

— Depuis que nous sommes au col, le vent souffle toujours dans la même direction, l'est. En le gardant à notre gauche, nous irons, c'est évident, vers le nord. Pour ne pas nous laisser déporter à droite et manquer le refuge, il suffit d'avancer en tirant légèrement vers le col. Nous buterons obligatoirement sur l'arête des Cosmiques que nous longerons jusqu'au refuge.

Péniblement, arrachant nos jambes engluées dans la neige alourdie, tassée par le vent, nous avançons vers l'arête invisible. Fatigués, nous ressentons davantage le froid sur nos visages.

— L'aiguille!... Je viens de voir l'aiguille! me crie Edouard.

Je m'arrête, regarde autour de moi. Rien. Le brouillard.

— Où as-tu vu l'aiguille?

— Par là, devant nous, à droite.

Il m'indique avec son piolet la direction présumée.

— Tu es sûr de l'avoir vue?

— Absolument.

— C'était bien l'aiguille?

— Oui, je l'ai bien reconnue.

Nous avançons encore. Une large faille s'entrouvre dans les nuées. Le refuge est là, juste sur l'arête des Cosmiques. Encore cinquante mètres et nous butions sur le ressaut de l'arête.

— Dans une demi-heure nous y sommes, Edouard.

Quand nous pénétrons dans le sas d'entrée du refuge, enveloppés dans notre carapace de glace, il est 16 heures. Nous avons marché pendant dix-huit heures. Roland, le sympathique gardien, ne nous reconnaît pas. Sur le moment, il pense à deux alpinistes descendant de l'aiguille du Midi pour passer la nuit au refuge. Nous nous ébrouons.

— Ça va, Roland? Tu parles d'un temps!

— C'est toi, René? Nom d'un chien... ça alors! Ta femme téléphone toutes les heures. Tu penses, à Chamonix il pleut à torrents depuis ce matin. Elle te croyait engagé sur la traversée du Mont-Blanc. Elle a téléphoné au refuge des Grands-Mulets, à l'aiguille du Goûter. Evidemment, personne ne t'avait vu. Je n'ai pas osé lui dire que vous étiez dans le couloir. Tu penses... depuis hier soir.

— On peut téléphoner à Chamonix?

— Oui, je demande ton numéro.

Débarrassés de nos équipements gelés, nous pénétrons dans la douce chaleur du refuge.

— Tu as ta femme au téléphone.

— Allô, Simone... oui, c'est moi.

— Mais enfin, où étiez-vous avec ce temps?... Tu te rends compte. J'étais inquiète.

— Mais non, tout va bien. Du vent... le brouillard... un peu retardé...

— J'ai téléphoné partout... à tous les refuges. Je pensais vous voir revenir ce matin.

— Bon! ne t'inquiète plus. Nous descendons demain à Chamonix. Aujourd'hui, c'est trop tard.

Pour une femme de guide il n'est pas facile d'attendre, d'attendre sans imaginer..., car les professionnels, eux aussi, disparaissent, sur une paroi, dans un couloir, au cours d'un raid à ski. Même les plus forts, les plus expérimentés.

C'est toute la grandeur d'un métier qui n'en n'est pas vraiment un. Là peut-être est la noblesse de la vocation. (Mais il y a guide et guide...)

Roland aide Edouard à poser ses chaussures aux lacets raidis par la glace. Le gardien est conscient de sa fatigue, il en a vu défiler dans son refuge, des amateurs, des professionnels, français, allemands, italiens, suisses, anglais, japonais... dans les tenues les plus diverses. Vêtus de drap, de nylon, de pull-overs déchirés, de pantalons rapiécés, décousus ou flambant neufs. Des barbus, des chevelus et des tondus aux regards fanatiques, passionnés, blasés ou inquiets. Il en a vu des cordées partir et revenir, et d'autres partir seulement...

Les pieds sous la table, devant un grand bol de bouillon, nous savourons la sécurité retrouvée. Le refuge prend pour nous son sens véritable. Nous nous sentons bien, dans sa douce chaleur, entourés de l'amitié, presque de l'affection du gardien.

Roland nous fait part rétrospectivement de ses inquiétudes. Il ne nous imaginait pas dans la face nord, mais en bas du couloir, enfouis sous l'avalanche. Notre long retard lui avait laissé craindre le pire.

— Vous avez dû en voir pour descendre du sommet et traverser le col!

C'est vrai, rien n'avait été facile dans ce couloir réputé sans problèmes, à peine difficile. Au cours de cette descente, nous nous en étions bien sortis, mais, il faut le reconnaître, de justesse. L'avalanche du couloir, mon bras meurtri, l'arrivée prématurée du mauvais temps avaient faussé les prévisions d'un horaire, optimiste sans doute, mais pas plus qu'il n'est normal de le concevoir. Tout avait contribué à nous plonger dans les plus grandes difficultés, à nous faire courir les plus grands risques. La chute de séracs, c'était « l'imprévisible », le risque en partie accepté mais que l'on pense (comme les automobilistes) plutôt destiné à d'autres. Autrement, bien des courses glaciaires ne se seraient jamais faites.

Dehors, la tourmente continue sa danse infernale. Le vent, à grands coups de boutoir, fait vibrer coléreusement les cloisons du refuge.

Tu cognes pour rien, vent! A 3 600 mètres, avec nous tous dedans, le refuge est bien accroché au bord de son long abîme de mille mètres.

2

Guide de haute montagne

Un guide est un professionnel du vide. Son activité essentielle, à l'état pur, est de conduire, de guider les alpinistes qui l'engagent pour gravir un sommet. Il lui incombe d'escalader tel versant, telle arête, telle paroi rocheuse ou glaciaire de difficulté variable; mais toujours avec, quelque part, si ce n'est constamment, la présence du vide. Tout est là. Le vide, c'est l'appréhension, la peur à dominer. Courage. Volonté. Esthétique, griserie, vision de l'espace. Joie d'exister. D'évoluer dans un monde grandiose de verticalité. De formes fantastiques. Univers rigide, minéral, où l'action paie en elle-même, immédiatement.

Dès le début de l'alpinisme et depuis de nombreuses générations, la profession de guide a été l'exclusivité des habitants des hautes vallées. Comme les Bretons des villages côtiers étaient pêcheurs, le montagnard devenait guide. C'était dans la logique des choses.

Les temps ont changé. En trente ans — pour s'en tenir aux seules Alpes —, les amateurs d'escalade se sont multipliés à une cadence phénoménale, presque inquiétante. L'intérêt d'un plus large public pour la montagne d'été a créé parallèlement le besoin d'un plus grand nombre de guides. Aujourd'hui, le métier n'est plus l'apanage des montagnards. Les origines se différencient : montagnards, citadins, ouvriers, intellectuels. Les motivations aussi ont changé. Tous les « pros » cependant doivent acquérir au départ une même technique de base : glace, neige, rocher, sauvetage, en partie enseignée ou contrôlée par l'Ecole nationale d'alpinisme, au cours des stages de formation d'aspirant et de guide.

Le choix du métier de guide pour le citadin n'est pas seulement inspiré par le désir de fuir les villes de béton, la concentration urbaine. La soif d'horizons nouveaux est une motivation puissante de fuite. Mais la passion du grimpeur existe réellement.

Ceux qui abandonnent les cités pour les hautes vallées ne le font pas simplement pour gagner de l'argent, comme il est dit si souvent — et si bêtement. D'abord, ils prennent souvent le risque de planter là un métier, une activité qui, sans leur apporter la fortune, leur permettait de vivre dans des conditions acceptables. Ensuite, à la fin du stage, quand ils quittent l'Ecole avec leur belle médaille de guide, les clients n'attendent pas forcément en rangs serrés les nouveaux élus!

Non, pour être guide, il faut *avant tout et sans condition* aimer la montagne, comme d'autres aiment la mer, l'une et l'autre évocatrices d'espace, de liberté. *Aimer la matière,* la roche, la glace. Pour cette raison et parce qu'ils aiment ce qu'ils font et veulent le faire bien, certains deviennent de grands guides. D'autres de très bons professionnels consciencieux, sûrs et responsables. Mais d'autres encore, parce qu'ils n'ont ni le courage ni la volonté d'assumer leur condition d'homme, demeurent au niveau de leur vision : la médiocrité.

La création de l'Ecole nationale d'alpinisme est l'événement le plus important dans l'histoire de la profession. C'est pour tout individu, citadin ou montagnard, la voie d'accès au brevet de guide. Le métier n'est plus une affaire de clan des hautes vallées; il est ouvert à tout citoyen de nationalité française présentant les qualités requises : morales, physiques et techniques.

Cette école, prise en charge par le ministère de l'Education nationale en 1943, a permis l'évolution et la formation des guides. En 1955, elle est définitivement fixée à Chamonix et dirigée dès 1957 par Jean Franco, inspecteur principal de la Jeunesse et des Sports, directeur des expéditions françaises au Makalu (1954 et 1955) et au mont Jannu en Himalaya du Népal (1959). Animée par Jean Franco pendant dix ans avec Armand Charlet comme professeur maître, elle devient la plus grande école d'alpinisme du monde.

L'entrée à l'Ecole nationale n'est pas facile. Les places pour le stage d'aspirant guide — première étape avant l'obtention du brevet de guide — sont limitées. Le nombre des candidats qui se présentent chaque saison dépasse de loin celui des places réservées à ce stage. Il faut passer un véritable concours comportant des épreuves techniques difficiles sur des terrains glaciaires et rocheux et une épreuve de résistance physique, une longue marche en moyenne montagne.

Ceux qui échouent peuvent se représenter deux fois.

L'aspirant guide, dans l'exercice de sa profession, est autorisé à conduire, seul, ses clients, mais dans des ascensions limitées en altitude et difficulté. Toutes autres ascensions, il ne peut les faire que sous la responsabilité d'un guide. Avant de se présenter au stage de guide, il doit obligatoirement professer pendant deux saisons au moins.

Le guide de haute montagne, lui, peut conduire ses clients sur n'importe quel sommet du monde. Il peut professer au sein d'une compagnie, d'un bureau local ou bien rester indépendant, s'organiser lui-même. Son brevet lui en donne le droit.

Devenir guide et vivre de son métier est un choix. Pour beaucoup : un mirage. Les saisons de travail peuvent être courtes, suivant les conditions météorologiques. Si le mauvais temps se prolonge, les guides n'auront pas droit pour autant à un dédommagement, une aide quelconque. Ils ne seront pas considérés comme sinistrés. Les honoraires ne suffisant pas pour vivre décemment toute l'année, il faudra pour les mois d'automne et d'hiver trouver une activité annexe permettant d'attendre les beaux jours. Rien d'étonnant donc si des jeunes guides brillants et pleins d'espoirs retournent vers la ville honnie au bout de quelques années...

Pour réussir dans ce métier, pour s'établir dans une vallée de montagne, il faut être accrocheur — et plus que cela. Croire à ce que l'on fait. S'investir à cent pour cent. Aborder et surmonter des difficultés qui ne seront pas toujours d'ordre alpin. Avec de la patience, du courage, une foi inébranlable et un grand amour de la montagne, le possible entre dans l'ordre du certain.

Lorsque, après dix ans d'amateurisme, je décidai de devenir guide de haute montagne, de tout axer sur l'alpinisme, il était bien clair dans mon esprit que je ne vivrais pas dans la médiocrité. Je tenais tout particulièrement à apporter autour de moi le confort nécessaire à une vie agréable et indispensable à l'épanouissement de chacun. Je n'étais ni fortuné ni propriétaire d'une ferme, d'un hôtel ou d'un magasin pouvant assurer notre existence douze mois sur douze. Devenir moniteur de ski, je l'avais pensé un moment. Mais je ne possédais pas une dose de patience pédagogique suffisante et puis, sur une piste, je m'ennuie vite.

Au retour de l'expédition nationale en Himalaya de 1959, je m'étais lancé dans une autre et passionnante aventure : l'ascension de la paroi la plus surplombante des Dolomites, la face nord de la Cima Ovest, aux Tre Cima Di Lavaredo, à Cortina d'Ampezzo. Les formidables surplombs de la paroi et, surtout, la nécessité de faire intégralement la voie en premier de cordée m'avaient rudement éprouvé. Après cette réussite qui avait fait du bruit, j'entrai à l'Ecole nationale d'alpinisme, candidat pour le stage d'aspirant guide, avec un long palmarès mais vidé d'une bonne partie de mes forces. Aussi le début du stage me fut-il pénible. Les passages de quatrième degré du col des Montets me semblaient bien ardus, la taille des marches sur les glaciers, éprouvante. A cette époque, la coutume était d'en faire énormément. Ce travail fastidieux m'ennuyait profondément et me fatiguait plus encore. Aussi, lorsque j'avais taillé deux ou trois douzaines de marches — je jugeais inutile d'en façonner davantage —, on s'en doute, certains professeurs me regardaient d'un œil noir!... Ils considéraient, peut-être à raison, que palmarès et connaissances techniques ne devaient pas me dispenser du travail laborieux de mes compagnons moins expérimentés. J'étais d'un avis opposé et ne le cachais pas, sachant très bien les remarques, les reproches qu'ils devaient faire à mon encontre, sans qu'ils osassent pourtant les formuler directement. Ce qui eût effrayé un autre stagiaire (les effets possibles d'une telle conduite...) me laissait indifférent. Il en eût fallu plus pour m'émouvoir.

Animé par l'esprit « bleausard [1] », par l'âme de cette belle école de Fontainebleau qui ne m'a jamais quitté, je montrais peut-être trop mon désir de liberté, de discipline intelligente. Or, vivre en collectivité, même dans une organisation civile, oblige, c'est évident, à certaines contraintes. Je devais m'en rendre compte par la suite.

A la fin du stage, avant la remise officielle des brevets d'aspirant guide, Armand Charlet tint à m'annoncer lui-même : « Desmaison, vous êtes le premier du stage. » Je dois reconnaître que je fus injuste envers lui en lui répondant : « C'est parce que vous ne pouviez faire autrement, monsieur Charlet. » Il en fut très surpris et me tourna le dos. Mais il n'était pas homme à rester sur une remarque qui pouvait lui paraître désobligeante.

Le lendemain, nous eûmes une explication au terme de laquelle il m'offrit son livre, *Vocation alpine,* avec une fort belle dédicace. Par la suite, entre nous, les remarques aigres-douces ne manquèrent pas. J'attachais sans doute trop d'importance à de petites injustices — qui, quelquefois, coûtaient quand même la médaille à certains stagiaires un peu trop frondeurs. Mais dans les grandes lignes, Charlet avait raison. J'ai toujours eu pour lui une grande considération mais, quand on a des choses à dire, il faut avoir le courage de les dire, c'est un droit et aussi un devoir.

L'année suivante, Jean Franco me proposa d'entrer à l'Ecole nationale, cette fois comme professeur guide. Je quittais définitivement l'amateurisme pour pénétrer dans la profession par la grande porte. En 1960, enseigner l'alpi-

1. Bleausard : grimpeur de l'école de Fontainebleau.

nisme dans cette école alors qu'on n'était qu'aspirant guide représentait une véritable promotion. J'en étais fier. Moi, le bleausard, le grimpeur parisien, professeur guide! Il dut y avoir dès cette époque, dans les milieux montagnards, de sacrés grincements de dents!...

De cet autre côté de la barrière, je découvris une autre catégorie de grimpeurs, un autre esprit de l'alpinisme. J'appris à mieux connaître mes nouveaux compagnons, qui étaient en même temps mes professeurs. Des hommes sûrs en montagne, de vrais professionnels, pour la plupart dénués de cette fantaisie qui, sans retirer le sérieux, apporte à la vie une certaine joie. Leurs plaisirs étaient différents des miens, de même que leur conception de la montagne.

Certes, j'allais m'initier là, en compagnie des stagiaires, grâce à l'enseignement et aux ascensions en groupe sur terrain difficile, aux subtilités du métier à tous les niveaux. Mais surtout, durant trois saisons, j'allais vivre avec des hommes qui, bien sûr, aimaient la montagne mais qui, la plupart, avaient choisi cette profession pour gagner leur vie plutôt que par passion de l'alpinisme.

Pour moi, le changement fut radical. Adieu la belle ambiance de l'école de Fontainebleau, du Saussois... où nous forgions notre technique dans la gaieté. Terminés les saisons d'été en amateur, les départs décidés au dernier moment, pour les Dolomites ou ailleurs, à la poursuite du soleil... Un chapitre était tourné. Il fallait gagner en montagne l'argent nécessaire à la vie et non le dépenser. Je voyais mes compagnons partir en belles équipées vers les sommets de leur choix. Des clans se formaient et déjà je n'étais plus tout à fait des leurs... Même lorsque je les retrouvais après la saison d'été, nous ne pouvions plus faire de projets ensemble.

Sous l'œil du maître, grimper en école d'escalade, comme nous le faisions à Fontainebleau, en short et maillot de corps, eût été méprisable. On était professeur guide! Noblesse oblige! La présentation, c'est important. L'uniforme du vrai guide est de rigueur : pantalon gris, pull gris avec médaille, chaussures et chaussettes de laine (la tenue du moment).

Je me souviens encore de la désapprobation d'Armand Charlet envers un jeune guide suisse, très décontracté, comme il l'était dans la vie à ce moment-là. Il entraînait une charmante alpiniste aux rochers des Gaillands et portait, pour tout vêtement, un léger et très court short en tissu de nylon imprimé de fleurs magnifiques. Par une belle journée du mois d'août, il grimpait, exposant au soleil un torse nu, généreusement musclé, dont il était très fier!

Armand Charlet était outré. Dédaigneux comme il savait l'être, il dit :

— Quand on est guide, on n'a pas le droit de s'exposer dans cette tenue.

Je n'ai jamais vu Armand Charlet sans un knicker de montagne et un large béret, dans les hauteurs comme à la ville.

Son autorité sur l'enseignement de l'école était nette, précise. D'un futur guide il exigeait beaucoup. Sa conception de la conduite des courses en professionnel est restée, et pour longtemps, la base du métier de guide. Si dans les grandes lignes j'étais en accord avec lui, pour le détail nous devions, par la suite, nous heurter fréquemment. Armand Charlet, le professeur maître, disait alors : « Desmaison, vous n'êtes pas encore un vrai professionnel. » Je lui répondais : « Pas encore peut-être, mais je le deviendrai à ma façon, comme je le conçois, comme il me semble souhaitable de l'être. »

Le ton doctoral de certains de mes camarades et du maître me semblait souvent déplacé. Etre guide, c'est bien. Y ajouter la passion de la montagne, c'est formidable. Etre professeur à l'Ecole nationale, c'est la consécration... Mais, cela dit, n'exagérons pas. Nous ne sommes pas à Chamonix dans les hauts lieux de la culture ou de la science. Un peu de modestie! Des rapports plus étroits entre professeurs et stagiaires, davantage de compréhension, un peu de psychologie ne nuiraient en rien au sérieux de l'enseignement, au bon déroulement d'un stage de professionnels. Une certaine rigueur est nécessaire, c'est vrai, mais pensée, intelligente. Le juste milieu peut être trouvé sans tomber dans les excès de la familiarité. Bref, un stagiaire a droit à des égards. L'Ecole n'existe que par lui. Comme le guide par son client.

C'est dire que le comportement que j'avais adopté, mes réactions, n'étaient pas appréciés de tous, encore moins du professeur maître.

Yves Pollet-Villard se montrait, de tous les professeurs, le plus impartial. Le plus près des stagiaires. Il s'efforçait d'être juste. Par sa connaissance de la montagne et son sens humain, sa présence à l'école est devenue des plus importantes.

Jean-Louis Jond, Charles Bozon, le champion du monde de slalom, étaient aussi des garçons remarquables, de vrais professeurs guides. Ils savaient s'imposer comme les maîtres qu'ils étaient. Hélas, ils devaient disparaître dans la tragédie de l'aiguille Verte en 1964.

Les stages de professionnels étaient souvent animés par un personnage étonnant, qui pendant une dizaine d'années a été une des figures de l'Ecole nationale. Appelons-le P.X.

Le palmarès de P.X. était brillant. En montagne, il existait vraiment. Mais seulement là. Fort et résistant, il avançait comme un bulldozer dans la neige fraîche. Les pires conditions ne l'effrayaient pas. Les stagiaires, il ne les ménageait pas. En cela, il était très près d'Armand Charlet. Il considérait que la formation d'un guide doit se faire sur le terrain, dans les conditions les plus difficiles : dans la mauvaise neige, le mauvais rocher et en altitude. Là, nous nous retrouvions. Mais je ne le suivais pas dans toutes ses idées maîtresses. Et je me suis souvent demandé si, pour certains de mes camarades, la montagne n'était pas davantage une thérapeutique qu'une passion. Peut-être les deux!

De retour dans la vallée, P.X. se trouvait assailli par de multiples problèmes tout personnels. Quel sombre tunnel avait-il traversé dans son enfance? Dans sa vie rien n'allait vraiment bien.

Son problème important était vraisemblablement sa taille. Vingt centimètres de plus eussent changé sa vie. On ne peut se refaire. Il faut savoir s'accommoder de ce que la nature nous a donné. Lui ne semblait pas y parvenir. Il ne lui était pas venu à l'esprit que la valeur d'un homme ne se mesure pas à sa dimension physique.

L'année suivante, en 1961, je renouvelai mon contrat pour la saison d'été à l'Ecole nationale.

Au début de cette deuxième saison d'enseignement, je redevins stagiaire pour faire le stage de guide. Je le dirai carrément : pour la technique, la connaissance de la montagne, je n'avais rien à envier à personne. Mais il fallait en passer par là, c'était le règlement. Cela dura un mois et, pendant ce temps-là, P.X., le chef de stage, allait m'étonner par son comportement. Il me faisait nettement sentir que j'étais redevenu « le » stagiaire...

Si tout s'était déroulé sous le signe de l'impartialité, c'eût été parfait. Très vite je compris qu'il n'en était rien. Un climat de rivalité, d'animosité, dû à ma désapprobation quant à certaines de ses méthodes d'enseignement, s'était momentanément instauré. Je dois reconnaître aussi que, la saison précédente, je ne l'avais pas pris très au sérieux. De tempérament ombrageux, il m'en gardait rigueur. Les gens aiment bien être pris au sérieux. Dans le milieu montagnard tout spécialement...

Le stage de guide commençait sous le signe d'une certaine tension que j'allais m'efforcer de détendre... en ne prenant, encore une fois, pas au sérieux le chef de stage. Une histoire entre un maître et un stagiaire, ça ne se fait pas! Et je ne recommande surtout pas aux futurs candidats aspirants ou guides de s'inspirer de ce comportement. Ça ne se fait pas! C'est irrespectueux. Ce n'est pas la bonne solution. Cela devait d'ailleurs me coûter la place de major de ma promotion. A la fin du stage, je sortis deuxième. Mais j'étais en règle avec moi-même. Une satisfaction à laquelle je tiens énormément.

Le stage terminé, je repris ma place de professeur guide. Quelques explications entre P.X. et moi :

— Rigolo! lui dis-je entre autres.

— Parisien! (moi qui ne le suis pas), me répondit-il.

Nous en restâmes là.

Tout compte fait, je ne devais pas être déçu par les trois saisons passées à l'E.N.S.A. Une expérience des plus intéressantes, riche de découvertes, de contacts avec les hommes, amateurs, futurs guides, guides. Leur philosophie de l'alpinisme, leurs idées souvent intelligentes sur la technique indiquaient une évolution évidente, rapide. L'Ecole leur apportait beaucoup. Ils le lui rendaient au niveau des techniques nouvelles et surtout de l'évolution du matériel. Ainsi, la technique du cramponnage en glace sur les quatre pointes avant du crampon et du piolet traction à lame courbe n'a pas été inventée par les professionnels, mais par les amateurs, et ensuite adoptée par les professionnels. On complétait ainsi parfaitement la technique du cramponnage latéral.

(Stupides sont les querelles entre amateurs et guides, citadins et montagnards. Tous sont sur la même planète, le même navire. Ils ne peuvent exister les uns sans les autres. Sans amateurisme, pas de professionnalisme : c'est de la troupe serrée des amateurs que surgissent, en temps voulu, les nouveaux guides.)

Le stage d'aspirant guide est le plus important de la profession. Celui qui en sort avec son brevet est pratiquement certain d'obtenir celui de guide s'il continue à s'entraîner et à professer pendant les deux années suivantes.

Les conditions de réussite sont liées, on le comprend, aux capacités techniques et physiques des stagiaires et, en général, huit sur dix présentent les conditions requises. Pourtant, quelques-uns des meilleurs arrivent à se mettre dans des situations d'échec. Question de caractère ou d'atomes crochus...

Parmi les professeurs de l'école il en était de très chatouilleux. Les mettre dans une position désavantageuse, les mortifier dans leur fierté, pour ne pas dire leur orgueil, ne pouvait rien apporter de bon. Je m'en étais rendu compte moi-même au cours de mes deux stages.

Souvent je prévenais les stagiaires trop fougueux de ne pas en faire plus qu'il ne leur était demandé, surtout lorsqu'il s'agissait de démonstration au col des Montets, sur les blocs de granit qui, par leurs formes et le style d'escalade qu'on y pratique, ressemblent aux rochers de Fontainebleau. En effet, de brillants grimpeurs de Fontainebleau ou des Calanques franchissaient sans problèmes les passages les plus difficiles de ces rochers dans un style et avec une rapidité plus démonstratifs que la plupart des professeurs de l'Ecole. « Ils vous attendront au virage, leur disais-je. Et ce virage sera pour vous le glacier des Bossons où en crampons ils sont aussi brillants que vous sur vos blocs de rochers. Et là, attention aux notes! En montagne, en terrain mixte, ils seront d'autant plus vigilants et ne vous feront pas de cadeaux! »

Etre juste, avoir un jugement clair n'est pas toujours chose facile. Il est dangereux de décider de la vie professionnelle d'un jeune homme par une fausse estimation fondée sur de simples apparences. Dans un sens comme dans l'autre, celui qui a la charge de juger un candidat doit se libérer de tout esprit de rivalité, oublier sa susceptibilité, surtout s'il doit noter un aspirant guide ou un guide au palmarès plus élogieux que le sien. D'aucuns paraissent avoir des difficultés à y parvenir! Les exploits des autres leur portent, semble-t-il, ombrage.

Un alpiniste sûr en montagne n'est pas toujours brillant en démonstration, ce qui ne l'empêchera pas d'être un très bon guide; certains, très émotifs, perdent une partie de leurs moyens dès qu'ils se sentent observés et se voient refuser l'entrée au stage d'aspirant guide ou le brevet qu'ils méritaient. Je connais ainsi des alpinistes, des guides extrêmement forts sur les pentes de glace les plus raides en haute montagne, très mauvais en démonstration au glacier des Bossons (école de glace de Chamonix). A l'opposé, les meilleurs grimpeurs d'écoles d'escalade, comme Fontainebleau ou les

Calanques, ne sont pas forcément à l'aise dans la face nord de l'Eiger, du Cervin ou des Jorasses.

Quant à avantager un stagiaire avec lequel on a des rapports d'amitié (souvenirs de courses faites ensemble), cela peut, à la rigueur, se comprendre, sauf si c'est au détriment d'un autre. On n'a pas le droit de donner une note éliminatoire à un garçon capable de devenir guide, qui a mis tous ses espoirs dans ce métier, tous ses rêves. C'est dire qu'un examinateur a des devoirs, une responsabilité immense qu'il lui faut assumer avec l'impartialité de saint Pierre à la porte du Paradis.

Je devais par la suite, beaucoup plus tard, me poser des questions quant à la valeur de certains jurys d'examen auxquels se joignaient des instructeurs passagers dont les qualités techniques, physiques et morales faisaient d'eux des guides d'une moyenne disons inférieure. Leur passage à l'Ecole, même court, suffisait à ruiner injustement telle vie ou à en privilégier (toujours injustement) une autre. Mais c'est là une autre histoire dont je parlerai ailleurs, plus tard.

Dans les stages de professionnels, il n'y a pas, en dehors d'une note éliminatoire (pas toujours équitable), de critère de base pour établir une notation précise. C'est le groupe de tête, celui des plus forts, qui donne le ton dès le début du stage, et les notes des moins forts en sont directement influencées. Il faut alors porter à ces derniers la plus grande attention, savoir déterminer si, malgré la différence avec les premiers, leurs aptitudes physiques et techniques sont suffisantes pour entrer dans la profession. Donc, du jugement, du discernement, et aussi un peu d'amour...

Je devais un jour m'insurger contre un système de notation qui ne me paraissait pas conforme au niveau technique exigé à cette époque pour le stage d'aspirant guide. J'allais encore une fois attirer sur moi les foudres du professeur maître!

Nous étions montés pour une semaine au refuge du Couvercle. On accède, au départ de ce refuge, à de très intéressantes courses d'arêtes, de neige, de rochers, et surtout à l'aiguille Verte, sommet de quatre mille mètres. La montagne idéale pour un stage de professionnels.

La fin du stage approchait. Les notes données aux candidats aspirants guides étaient d'autant plus importantes.

Après avoir gravi le matin l'arête sud de l'aiguille du Moine, une belle course rocheuse de difficulté moyenne, nous consultions ensemble, professeurs et professeur maître, les notes attribuées au cours de l'ascension. Sur cette arête qui ne dépasse pas le quatrième degré de difficulté [1], se trouve un mur haut de trois mètres environ, coté en cinquième degré. Ce passage se contourne par une fissure du quatrième degré. A cause de sa difficulté, supérieure à celle qu'on demande pour le stage d'aspirant guide (quatrième degré supérieur seulement), ce passage ne devait pas être imposé. Par habitude et pour la forme, nous franchissions toujours ce mur lorsque nous gravissions l'arête. Donc, nous n'avions pas à tenir compte des appréciations qui pouvaient être faites à cette occasion.

Avec surprise je vis qu'il n'en était rien. On notait. Ma désapprobation à ce sujet ne plut guère au professeur maître. Il me fit comprendre assez vertement que les méthodes de l'Ecole s'étaient révélées excellentes jusqu'à ce jour, qu'il n'y avait aucune raison pour qu'elles changent. Je n'aurais sans

1. Les difficultés sont cotées en degrés. Du premier au sixième degré supérieur. Le premier degré étant le plus facile, le sixième supérieur, le maximum de ce qu'il est possible de faire. Là aussi les cotations peuvent être subjectives, tout dépend de la force du grimpeur et du niveau technique auquel il prétend.

doute pas dû répondre qu'il était temps d'apporter des réformes à l'enseignement de l'Ecole nationale d'alpinisme, ne serait-ce qu'en respectant ses propres règlements.

Pendant trois semaines le professeur maître ne m'adressa pas la parole. Mais il ne fut plus question du petit mur de l'arête du Moine, et certains stagiaires, un peu limités en technique, mais excellents montagnards, gagnèrent leur médaille d'aspirant guide un moment chancelante. Ils avaient encore deux ans pour se perfectionner avant de passer guide.

Au refuge, à l'Ecole, nous prenions, professeurs et professeur maître, nos repas ensemble, souvent à la même table. Pendant le déroulement de cette guerre froide, je ne manquais jamais de proposer à Armand Charlet, qui ne buvait pas de vin, de lui en servir.

Il me disait alors :

— Desmaison, vous savez bien que je ne bois jamais de vin.

— Oh, pardon, Armand, j'avais oublié!

Ensuite il ne me répondit plus, mais le regard froid qu'il me lançait était sans équivoque. Enfin, un soir, il me dit :

— Desmaison, si vous m'offriez un génépi...

Le temps de la petite guerre s'achevait. Il y en eut d'autres.

⁂

Des ruses de Sioux

Charles Bozon, je l'ai dit, était un garçon remarquable, plein d'entrain. J'aimais travailler avec lui. En montagne il était rapide, toujours en grande forme. Nous avons ensemble conduit les stages de guides dans les grandes voies classiques du massif du Mont-Blanc.

Ainsi, je me souviens d'une ascension au Mont-Blanc menée rondement. Partis avec une dizaine de stagiaires guides à 1 heure du matin du col du Géant, nous avons atteint le sommet du Mont-Blanc à 8 heures, après avoir suivi l'itinéraire de la « voie diagonale », dans la face est du Mont-Blanc, itinéraire entièrement glaciaire exposé aux chutes de séracs. Le temps était beau et froid. La rapidité de notre progression avait en partie éliminé les risques. Un excellent terrain en haute montagne pour apprécier les aptitudes des futurs guides.

Sous le sommet, alors que nous montions dans un axe direct, un des stagiaires voulut nous faire une démonstration de cramponnage sur les pointes frontales. A cette époque, les crampons n'avaient que deux pointes frontales et non pas quatre comme aujourd'hui. La tenue, l'équilibre sur la glace étaient plus délicats. (Les crampons actuels offrent une plus grande sécurité et facilitent considérablement la progression directe dans la ligne de plus grande pente.)

Après quelques mètres incertains, la glace s'écailla autour des pointes frontales. Le futur guide, tombant à genoux sur la pente, amorça une redoutable glissade que nous pûmes heureusement enrayer en le bloquant avec nos mains lorsqu'il arriva sur nous. Si l'incident s'était produit dix mètres plus haut, sa vitesse eût été trop grande pour que nous puissions l'arrêter. Plusieurs cordées auraient été immanquablement entraînées dans le vide. Le futur guide n'en menait pas large après cette démonstration. Bonne leçon pour nous, instructeurs : attention à trop de confiance!...

Du samedi midi au lundi 6 heures du matin, nous disposions de notre temps : courses en amateur, avec client particulier ou repos. Je pus ainsi, au cours des week-ends, réussir de belles ascensions. En compagnie de Charles Bozon, Yves Pollet-Villard et Georges Payot, je gravis en début de saison, histoire de s'entraîner, la face est du Capucin en dix heures. Quelques années plus tôt, je l'avais faite en six heures avec Michel Vaucher. Mais pour un début de saison ce n'était pas si mal.

Nous partîmes à 2 heures du matin du refuge du col du Géant. Prévenus de la présence d'une cordée bivouaquant au départ des difficultés de la face est, nous appliquâmes des ruses de Sioux pour approcher la paroi. Dans cet itinéraire très difficile il n'est pas commode de doubler une cordée trop lente. Nous savions que c'était le cas des deux alpinistes qui nous précédaient. Ils avaient mis une demi-journée pour atteindre le bivouac. Normalement, deux heures suffisent largement.

Depuis la face est, la vue s'étend selon un angle très large jusqu'au col du Géant. Si les alpinistes étaient éveillés, immanquablement la lumière de nos lampes attirerait leur attention. Ils se mettraient en route, c'est évident, pour être les premiers sur l'itinéraire. Or, l'absence de clair de lune imposait l'utilisation des lampes. Pour donner le change, nous fîmes un large détour vers la gauche, comme si nous prenions la direction du col du Diable dans la combe Maudite. Puis, après avoir contourné la zone des crevasses, lampes éteintes, nous approchâmes sans bruit de la rimaye du Capucin. Dans le couloir de neige, à gauche de la face est — qu'il faut remonter sur cent mètres pour accéder à une traversée sur des vires et des plaques rocheuses qui permettent de rejoindre l'axe de l'ascension —, nous observâmes le plus grand silence. La tactique était de surprendre l'ennemi au bivouac avant qu'il ne réagît.

Hélas, nous quittâmes très tôt le couloir et, dans un terrain plus difficile que prévu, condamnés au silence et à l'obscurité, nous cherchâmes au prix d'étranges acrobaties notre chemin. Nous étions tombés dans notre propre piège. Finalement, butant contre un ressaut de plusieurs mètres de haut, nous dûmes nous arrêter. Faire demi-tour, rejoindre le couloir pour monter plus haut, une perte de temps. Enfoncer un piton pour surmonter la fissure, trop bruyant. Restait la courte échelle.

Nous enfonçâmes, en partie, le manche d'un piolet dans la fissure, la tête du piolet maintenu par Georges et Yves. Sur ce confortable échelon, Charles Bozon se rétablit debout, les deux mains coincées dans la fissure. Ce n'était pas assez haut. Je dus à mon tour me rétablir sur le piolet, puis sur les épaules de Charles Bozon. Au moment où je me redressais, le marteau passé dans ma ceinture se décrocha et méchamment heurta le crâne de mon compagnon. Je sentis sous mes pieds, toujours dans le plus grand silence, osciller l'échafaudage. Puis de nouveau il se consolida. Le marteau, relié par une cordelette fixée à mon baudrier, continuait de se balancer, comme un pendule, heurtant encore à plusieurs reprises le crâne du malheureux (qui se révélera orné d'une d'une magnifique bosse). De sourdes imprécations me prévinrent qu'il était grand temps de quitter ma position. Je me rétablis plus haut et fis monter mes compagnons. Quelques minutes plus tard, nous faisions irruption sur la vire du bivouac.

Etonnement des deux occupants, cette fois éblouis par nos lampes. Nous ne les revîmes pas de la journée.

Le soir même, nous étions de retour à Chamonix.

Orage au Triolet

Au fond du cirque d'Argentière se dresse la face nord du Triolet, une des plus belles et difficiles courses de glace du massif du Mont-Blanc. Sur cette face nord, haute de huit cents mètres, deux très beaux itinéraires ont été ouverts : en 1931 par deux alpinistes genevois R. Greloz et A. Roch, en 1945 par les guides Jean-Paul Charlet et Etienne Livavic.

Sur la gauche de la paroi glaciaire, un couloir étroit et raide aboutit à la brèche du Triolet. En 1960, personne ne l'avait envore gravi. Au début de cette saison, au mois de juin, les conditions de neige en altitude semblaient favorables à l'entreprise d'une ascension glaciaire de grande difficulté. Le temps était au grand beau, mais à tendance orageuse. Enfin il ne s'agissait que d'une course de la journée, dont on devait sortir assez vite.

Armand Charlet nous avait parlé à plusieurs reprises de ce couloir. Il en avait, à l'époque de sa grande forme, projeté l'ascension. D'autres réalisations l'en avaient détourné, on ne peut pas tout faire. Avec Yves Pollet-Villard nous décidâmes d'entreprendre l'ascension du couloir. Un après-midi de juin, nous partîmes pour le refuge d'Argentière. En 1960, au mois de juin, on ne risquait guère de rencontrer des promeneurs sur les sentiers de montagne. Les promeneurs étaient rares sur le sentier qui serpente dans les alpages de la rive gauche du lit glaciaire d'Argentière. Afin d'obtenir un beau bronzage intégral, je n'avais gardé que mes chaussures et rangé mes vêtements sur mon sac. Le temps de me déshabiller, Yves avait pris une certaine avance. Le bronzage, ce n'est pas son truc. Il est toujours bronzé, c'est un vrai coureur de montagne, mais rarement en dessous du col. Marcher nu dans la nature devait lui paraître scandaleux. Pour ça il était très près d'Armand Charlet. Je me suis toujours demandé s'il ne m'avait pas joué un tour en ne me prévenant pas, même de loin, que tout nu comme j'étais, j'allais rencontrer à un détour du sentier deux promeneuses en avance sur la saison. Que faire lorsqu'un tel incident se produit si ce n'est continuer en sifflotant d'un air détaché? Un peu plus loin, quand même, je repris mes vêtements.

Le soir, seuls au refuge, nous pûmes dans le calme de la solitude, privilège d'autrefois, contempler à loisir les faces nord du cirque d'Argentière et le couloir que nous allions gravir. Le beau temps paraissait stable. La soirée fut magnifique dans la splendeur du soleil couchant.

Nous partîmes vers 1 heure du matin. La neige bien gelée, dure en surface, portait bien. Nos sacs étaient légers : corde, broches à glace, mousquetons, deux marteaux et des vivres pour la journée. Le bivouac n'était pas prévu. L'ascension devait se dérouler sans problèmes et dans la matinée. Le retour par l'autre versant n'offrait pas de difficultés.

Au lever du jour, nous franchissons la rimaye. La neige est dure, sans épaisseur, sur la glace de la pente. Rapidement nous gravissons les premiers cent cinquante mètres, jusqu'à un îlot rocheux. Là, la pente se redresse aux environs de soixante degrés. Les crampons mordent bien dans la glace vive, encore très ferme en ce début de saison. Après avoir contourné l'îlot rocheux, nous pénétrons dans le couloir que les alpinistes allemands qui en firent la deuxième ascension appelèrent « la gouttière du Triolet ». A droite, le couloir est dominé par une paroi rocheuse assez délitée. Les premiers rayons du soleil, en frappant les arêtes du sommet, libèrent quelques pierres soudées par le gel de la nuit. L'une d'elles part en zigzaguant, rebondit d'une rive à l'autre, puis plonge droit sur moi. Yves voit le danger et s'apprête au pire. Tenir la corde est tout ce qu'il faut faire. Je me colle à la pente. Un mètre au-dessus de moi, la pierre rebondit sur un arrondi de glace et passe à quelques centimètres de mon crâne, dans un bruit strident. Le réchauffement de l'air libère d'autres pierres. Le danger devient pressant. Pour l'altitude, en début de matinée, il fait anormalement chaud. Un orage se prépare sur le Mont-Blanc. De la face nord nous pouvons le voir.

Par mesure de prudence, je taille une marche tous les trois pas et plante une broche à glace tous les dix mètres. Un projectile, pris de plein fouet, aurait vite fait de nous envoyer en bas.

Nous atteignons la brèche avec les premiers nuages. Dans le lointain, de longues clameurs annoncent l'arrivée de l'orage. Descendre sur l'Italie serait plus court, mais nous devons rentrer à Chamonix. En franchissant rapidement les arêtes du Triolet, il sera possible, même par mauvais temps, de descendre le glacier de Talèfre, du moins le pensons-nous. Quand nous parvenons au sommet du Triolet, l'orage fond sur nous. Un petit enfer...

Pour bien comprendre, il faut l'avoir vécu au moins une fois. Ce ne sont plus les lourds grondements, les détonations habituelles entendus depuis la vallée, mais de longs grésillements, des claquements de fouet. Des boules incandescentes, lumières aveuglantes, bondissent sur les arêtes, nous passent au ras des jambes. Parcourus d'ondes électriques, nous sursautons à chaque décharge. Nous nous rendons compte que toute précipitation pour quitter le sommet serait s'exposer à être précipité dans le vide. Dans l'orage, il faut fuir les sommets au plus vite! Certes oui! Mais tout dépend de la contexture du sommet où l'on se trouve. Pour le moment, nous y sommes et nous ne pouvons fuir! Nous enfonçons vite chacun un piton et nous nous attachons.

Le matériel métallique est fixé à bout de corde et éloigné de nous. J'ai toujours pensé que ça ne devait pas changer grand-chose. Les forces de la foudre sont attirées par des masses magnétiques et suivent des fils conducteurs autres que quelques kilos de ferraille. Mais dans le doute il vaut mieux le faire.

Longtemps nous sursautons sous les décharges. Lorsque les coups semblent s'espacer, nous posons vite un rappel pour descendre sur le plateau du Triolet, petit glacier suspendu qui domine le glacier des Courtes et du Talèfre. Le brouillard est dense, nous ne voyons pas où aboutit la corde de rappel. Nous atterrissons trente-cinq mètres plus bas, dans un couloir rocheux. Un deuxième rappel nous fait perdre rapidement de l'altitude. Enfin nous prenons pied sur le plateau du Triolet. Là-haut, ça recommence, rafales de vent, neige, tonnerre. Dans la neige molle et fuyante, avec nos crampons qui bottent, trouver le passage dans le ressaut rocheux nous séparant du glacier des Courtes devient problématique. Il faut attendre que l'orage s'éloigne. Il s'éternise et la nuit approche. Dans la pente de neige nous creusons une alcôve. Mouillés jusqu'à la peau, nous nous asseyons dans la cavité aménagée, le dos appuyé à la glace. Il ne reste plus qu'à attendre le jour. Par intermittence, il pleut ou il neige, l'orage tourne autour du massif, part, revient, illumine la nuit de lumières bleues, blanches parfois. Par instants nous nous endormons pour nous réveiller aussitôt, secoués par une décharge électrique. L'eau coule sur notre peau jusqu'au fond de nos chaussures. C'est long, une nuit à claquer des dents!

Au matin, le ciel est de nouveau bleu. Nous, nous sommes verts de froid. Les premiers pas sont raides. Vite nous nous réchauffons, les mauvais moments sont oubliés, ils nous transmettent même une petite auréole de gloire.

Réussir une belle première, affronter l'orage et en réchapper, bivouaquer au milieu d'un magnifique feu d'artifice et revenir sous le soleil, il faut quand même le faire!

Les drames

Du 1er au 15 août, période où la montagne était la plus fréquentée, l'Ecole assurait la permanence de secours. Une équipe d'urgence était nuit et jour dans l'attente d'un départ immédiat. A tour de rôle nous assurions cette permanence.

Les vivants, nous en avons ramenés bien peu. A part quelques jambes cassées à la suite d'une glissade sur un sentier exposé où un touriste s'aventure, marchant sans regarder à ses pieds. Mais ce genre d'accident n'a aucun rapport avec l'alpinisme. La mort, il fallait la contempler en face. La voir dans toute son horreur physique : corps broyés, déchirés, éclatés. La sentir dans son odeur à faire frémir, et de fait nous frémissions. La fade et atroce odeur du sang. La neige rouge de sang. Il faut bien parler de ces images, de ces lamentables spectacles où un effort d'imagination était nécessaire pour reconstituer, à travers ces pauvres débris, la dépouille d'un être humain. Oui, il faut en parler. Ces images sont aussi le lot, le poids douloureux du métier.

Un soir, à 17 heures, alerte. Un guide et son client, venant de traverser les aiguilles du Diable, nous signalent que deux alpinistes ont été emportés par une avalanche de pierres dans le couloir du Diable, au mont Blanc du Tacul. Après avoir traversé les aiguilles du Diable, ils remontaient les rochers instables sous le sommet du Tacul. Pour recueillir un peu d'eau dans une gourde, ils s'étaient écartés de l'itinéraire habituel où les rochers sont plus stables. Des blocs cédèrent sous leurs pieds, en entraînèrent de plus en plus gros, et ce fut le drame : une chute de huit cents mètres dans un couloir incliné à cinquante degrés.

Avec deux gendarmes de permanence de sauvetage à l'Ecole je m'envole à bord d'un hélicoptère. En fin de journée, dans la vallée, l'air est chaud. L'appareil fait de larges cercles pour prendre de la hauteur. Dans l'air dilaté, il ne s'élève que très lentement. Le pilote doit franchir le col du Midi à 3 500 mètres. Nous approchons la falaise de glace, les séracs du col, versant Chamonix. Impressionnantes, ces falaises de glace à notre hauteur. On a le sentiment qu'on va s'y incruster. Le pilote s'en éloigne, semble chercher des ascendances. Encore un large cercle au-dessus du glacier. L'appareil enfin franchit le col très près et plonge vers le col du Rognon. Nous sommes au-dessus du glacier du Géant, à l'aplomb de la rimaye. Sur la neige, deux points noirs entourés de points plus petits. C'est là. Le pilote nous pose à une centaine de mètres des corps. Puis redécolle pour franchir le col, regagner Chamonix. Le bruit de l'appareil décroît. Le silence revient. Le ciel est infiniment bleu. La lumière éblouissante, l'air transparent.

Pourtant, là, sur le glacier, proche de nous, la mort, dans son éternelle immobilité. Instant d'angoisse. Se préparer au spectacle horrible. J'ai déjà vu, hélas, des morts. Mais ces deux-là... Je regarde le couloir du haut jusqu'à la rimaye, au glacier. Il est beau dans sa rigidité nue, silencieuse. Quelques heures plus tôt, le grondement de l'avalanche de blocs de granit, énorme concasseur entraînant deux corps, en de fous tourbillons, vers la nuit.

Nous approchons sans hâte. Comme pour retarder l'instant inévitable où il faudra voir, chercher, fouiller les dépouilles. Leur donner une identité.

Immobiles, le cœur au bord des lèvres, nous regardons l'étrange tableau. Les deux formes encore liées par leur corde. Rien d'humain, plus de vêtements rappelant qu'il s'agissait là de deux hommes. Les gants de caoutchouc, les deux sacs de toile. J'essaie de ne pas participer, de laisser faire mes deux compagnons plus habitués. Ils ne peuvent y parvenir tellement les formes sont disloquées. Je dois les aider, prendre dans mes mains, saisir quelque chose, soulever, tirer vers le sac, maintenu ouvert, couper la corde. On ne pouvait se résoudre à la délier.

Les deux sacs de toile sont enfin fermés. Seules restent des traces rouges sur la neige. Nous partons à la recherche des débris de vêtements au milieu des blocs épars. Près de la rimaye, un sac à dos. Dans le rabat de la poche supérieure, une carte d'aspirant guide. Je reconnais la photo, le nom.

Nous laissons les deux corps sur le glacier. Demain, à la première heure, une autre équipe viendra les chercher. A trois nous ne pourrions les porter jusqu'au lointain refuge du Requin. Nous descendons le glacier du Géant, vers le refuge où nous passerons la nuit. Nous essayons d'oublier les images, de plaisanter. Rien à faire. On n'oublie pas. Même des années plus tard...

Les orages se succèdent depuis plusieurs jours. En altitude, il neige. Dans les faces nord les traînées jaunes s'effacent, disparaissent sous une épaisse couche de neige fraîche, immaculée.

Dans la vallée, les alpinistes tournent en rond, impatients, guettant une éclaircie. Ils vont d'une terrasse de café à une autre, au baromètre du syndicat d'initiative qu'ils tapotent du doigt, espérant le voir monter.

Le mauvais temps se prolonge. Déjà une semaine de perdue. Le temps des vacances fond dans l'attente, dans les heures d'inaction. On parle, on échafaude. Les Dolomites! Il y pleut. L'Oisans de même! Rien d'autre à faire qu'attendre. Pour certains, plus que quelques jours et ce sera le départ pour onze mois! Onze mois de projets, de rêves...

Enfin, un matin, le ciel éclate de lumière. Les aiguilles de Chamonix, aux arêtes blanchies, se découpent dans le ciel radieux. Les courses ne seront pas en condition avant plusieurs jours. Attendre que la neige fonde. Encore attendre. Plus le temps. Pourquoi pas une face nord, une belle course de glace? En deux jours, le temps de monter au refuge, d'attaquer, le trop-plein de neige aura coulé! La face nord d'Argentière, pas trop raide, relativement facile mais jolie : une belle course à cueillir in extremis avant le retour au bureau, à l'usine.

Ils partent. Ils vont se retrouver à six dans la face nord. Un solitaire, une cordée de trois, une de deux. Pour quatre d'entre eux le destin va s'arrêter là. Au pied de cette face nord.

Le solitaire, parti le premier, est plus rapide. Il monte en bordure de la face nord, à droite. Dans la partie supérieure de la pente glaciaire, il entreprend une longue traversée à gauche pour en rejoindre le centre, puis monter directement vers le sommet.

Pendant ce temps, les deux cordées attaquent la pente dans un axe plus direct. Vers le milieu de la paroi, ils se trouvent à l'aplomb du solitaire. La neige est profonde jusqu'aux cuisses. Par endroits jusqu'au ventre. Tout à coup, dans la trace du grimpeur solitaire s'amorce une coulée. D'abord très fine, elle glisse doucement, puis s'élargit rapidement et plonge à une vitesse folle. Les deux cordées plus bas voient bondir sur eux un fleuve blanc, tourbillons, écume de neige. La montagne bascule. La pente s'effondre. On ne résiste pas à la puissance de la neige en mouvement. Les deux cordées, emportées dans l'avalanche, sautent une barre de séracs. Plusieurs centaines de mètres plus bas sur le glacier, dans la rimaye, tout s'immobilise.

Plus loin, sur une arête, une cordée a assisté au drame. Là-haut, le solitaire continue son ascension. A-t-il seulement vu quelque chose? Est-il conscient du drame involontairement provoqué?

Les témoins de l'accident ont pu rejoindre la base de la face nord. Incroyable : dans la neige un homme se débat. Choqué, il ne sait plus très bien ce qui lui est arrivé. Seulement un bras cassé. Un miracle. Mais sans le secours des alpinistes venus jusqu'à lui, il serait mort d'épuisement et de froid dans la neige.

L'alerte est donnée. Une première équipe transportée sur place en hélicoptère sort les quatre corps de la rimaye. Le mauvais temps revient. Une bien courte éclaircie. Juste le temps de mourir. Les sauveteurs doivent regagner la vallée sans pouvoir ramener les corps.

L'orage cogne sur les arêtes. Il pleut jusqu'à 3 000 mètres. Le mauvais temps s'installe. Je pars avec une deuxième équipe, cette fois à pied. Au refuge Albert Ier, nous laissons quatre perches pour transporter les corps à dos d'hommes. Nous passons la nuit au refuge. Tôt le lendemain matin, nous remontons le glacier du Tour jusqu'à la fenêtre du Tour, une brèche qui permet de franchir facilement l'arête frontière franco-suisse et d'atteindre le pied de la face nord d'Argentière.

Un peu en aval de la rimaye, nous trouvons les quatre corps

dans leur sac de toile. Nous les transportons jusqu'à la brèche et les attachons sur une banquette de secours. Il pleut. La fade odeur mouillée nous imprègne. Fatigués, nous nous reposons un moment. Les repas froids sont sortis des sacs. L'estomac un peu trop noué, rien ne passe. Et puis, du rosbif froid, ça ne risquait pas de passer! Le cuisinier n'avait pas pensé à ce détail!

Long et pénible retour en tirant la barquette et son triste chargement.

En arrivant au refuge, il pleut à torrents. Les corps sont fixés chacun à une perche qui sera portée par deux hommes. La barquette n'est utilisable que sur le glacier. Nous avons besoin de repos et de nourriture. Réaction bizarre peut-être, mais je ne peux me résoudre à laisser les corps sous la pluie. Nous les rentrons dans le hall du refuge. Puis nous allons nous asseoir dans la salle du réfectoire, fatigués, démoralisés par ce travail funèbre.

C'est alors que le gardien surgit, furieux. Des cadavres dans son refuge! Ah mais!... Et pourquoi pas? Ils sont bien partis de là! Ceux qui arrivent de la vallée? Les touristes qui viennent par un facile sentier prendre l'air de l'altitude et voir de plus près ces anormaux, ces coureurs de sommets? Comme ça ils seront servis au-delà de leur espérance.

Le gardien n'a pas insisté. Ce n'était vraiment pas le moment.

***

Au glacier de Taconnaz, trois alpinistes anglais s'entraînent au cramponnage sur glace. Deux jeunes hommes et une jeune femme. Au sommet d'une faille largement ouverte, l'un d'eux glisse, bascule, tombe de sept à huit mètres de haut, tête en avant, sur des blocs de rochers.

Allongé sur le dos, il reste immobile, déjà à l'agonie. Un ruisseau glacé coule du haut de la faille. L'eau tombe sur sa poitrine dénudée. Sa chemise est ouverte, déboutonnée. Il faisait très chaud ce jour-là. La jeune femme, sa fiancée, et son compagnon, paralysés de terreur, le regardent sans oser le toucher ni le retirer du ruissellement glacé. Un témoin de l'accident a donné l'alerte. Nous partons au plus vite. Mais, depuis l'accident, plus d'une heure s'est écoulée lorsque nous arrivons sur place. Une heure sous la douche glacée. Nous transportons le blessé à l'hôpital.

Quelques heures plus tard, il meurt.

Je pensais m'endurcir, sans devenir totalement indifférent, atteindre à une certaine insensibilité devant la mort. En vain, et je sentais bien qu'il ne me faudrait pas faire trop souvent ce travail si je tenais encore aux grandes courses.

Hélas, je n'en étais qu'à mes débuts de sauveteur et je devais encore, trop souvent, assister à ces douloureux spectacles. Par la suite, je m'étais bien promis de n'intervenir que pour des hommes vivants. Mais les morts, il fallait bien aller les chercher. J'avais choisi un métier, la montagne, ma vocation. Il fallait l'accepter avec ses joies et aussi ses tourments.

Les vingt-quatre heures des Drus

Grimper et marcher vingt-quatre heures sans interruption, c'est déjà une rude épreuve. Mais s'il faut ensuite, après seulement quelques heures de repos, entreprendre un véritable marathon en altitude, même sur les arêtes les plus éthérées, alors l'ascension se transforme en un long et pénible calvaire où les joies de l'alpinisme se diluent en une série de gémissements retenus, dus aux articulations douloureuses et aux épaules martyrisées par le poids du sac. Les motivations ne sont plus du même ordre. Les peines physiques ne sont plus portées par l'exaltation, l'attrait d'une grande paroi, d'une belle première. Mais il faut bien faire son métier. Toujours avec le sourire. Les stagiaires, les clients n'ont pas à savoir si nous en avons plein les bottes.

Ce genre de marathons, de marches forcées, d'escalades prolongées, j'en ai fait un certain nombre. Avec des fatigues jusqu'à la nausée. Je n'en ai gardé que d'agréables souvenirs, et pourtant je ne suis pas masochiste. Mais il est bon de mettre sa carcasse à l'épreuve pour savoir jusqu'où elle peut aller. Là peut-être ai-je puisé force et patience qui par la suite devaient bien me servir.

Edouard Martin était en grande forme. La face nord des Drus, un de ses plus chers projets, se trouvait en bonne condition et, par surcroît, le beau temps était assuré : le baromètre enregistreur, depuis plusieurs jours, suivait au plus haut une ligne parfaitement horizontale. Une année faste.

En bivouaquant le samedi soir au pied des Drus, je serais de retour le dimanche soir à Chamonix. Le bivouac à la base de la face nord, sur l'épaulement de granit, le rognon des Drus, est des plus confortables. Enchâssé entre le glacier du Nant-Blanc et celui des Drus, planté au sommet d'une longue moraine, il constitue un belvédère remarquable sur la mer de Glace, la face nord des Grands Charmoz, la vallée de Chamonix et les aiguilles Rouges. L'endroit est particulièrement agréable : pierres plates, graviers pour adoucir la couche et même, en cherchant bien, un peu de terre meuble en partie moussue. Pour avoir une chance d'occuper ces endroits privilégiés, il faut arriver tôt en début d'après-midi. Nombreux sont les alpinistes de passage à ce bivouac. C'est le point de départ des faces nord du Petit et du Grand Drus, de la face ouest et du pilier sud-ouest. Sur ce versant des Drus, pas de refuge, et souhaitons qu'il n'y en ait jamais.

Lorsque nous arrivons au milieu de l'après-midi sur le rognon, trois cordées occupent déjà les bons emplacements. Une pour la face ouest, deux pour la face nord. Deux autres cordées engagées dans la face nord se manifestent par des cris. Des pierres rebondissent sur les grandes dalles et viennent s'enfoncer dans le glacier à une centaine de mètres du bivouac.

2 heures du matin. Entre les blocs épars du rognon, des lumières s'agitent; bruits de mousquetons, de ferraille qu'on entasse dans les sacs, petites lumières bleues des réchauds, paroles confuses, bâillements, membres qui s'étirent. Les cordées se séparent. Celles de la face ouest, celles de la face nord.

La nuit est noire. La massive silhouette des Drus se découpe sur le ciel étoilé. A gauche, la face nord de l'aiguille Verte apparaît, raccourcie, couchée par la perspective. L'air est calme, aucune brise. La neige du glacier porte bien, pas trop dure ni trop molle. Nous montons sans crampons. A la rimaye, nous attaquons au mieux, dans le rayon de nos lampes. Un dièdre, une cheminée, des dalles raides... Les muscles un peu froids au départ se réchauffent vite. Nous sommes sur la bonne voie.

La nuit recule devant les premières lueurs de l'aube quand nous gravissons les terrasses inférieures, deux cents mètres au-dessus de la rimaye. L'escalade devient plus sérieuse. Le râteau de Chèvre, étroite cheminée rocheuse tapissée de glace, nous oppose quelques difficultés. Les doigts sont froids. Il fait grand jour. Les deux cordées nous suivent d'assez près. Les premières heures du jour réchauffent un peu l'air. La lumière bleutée des faces nord nous plonge dans une délicieuse ambiance.

La moraine des Drus s'étire jusqu'à la mer de Glace, dont les anneaux s'allongent en courbes gracieuses. Plus lointaine, la vallée de Chamonix, verte, vivante, pas encore gangrenée par le béton. L'horizon est fermé par les aiguilles Rouges.

A l'extrémité d'une étroite corniche, la fissure Lambert. Exposée mais en bon rocher, munie de bonnes prises. Edouard exulte. Aujourd'hui tout lui semble facile; le bonheur de grimper, de se sentir bien à sa place, la joie de l'escalade.

Au tiers supérieur de la face nord, la niche de glace, « l'Œil du Cyclope ». Pour changer un peu du rocher, nous la traversons en diagonale, crampons aux pieds, jusqu'à l'arête nord-ouest où les passages deviennent plus vertigineux mais presque faciles.

La fissure Martinetti, un des beaux passages de la face nord. Une des cordées, hier soir si bruyante, y est engagée. Plus à gauche, la fissure Alain, plus difficile. Nous contournons un angle rocheux pour l'aborder. Une autre cordée s'y trouve. Il faut attendre. Nous emprunterons la première qui sera libre.

Une heure passe. Autant pour l'horaire prévu. Ainsi les horaires les plus élaborés, selon des calculs en général très optimistes, se trouvent complètement faussés.

Légère collation, photos, cigarettes. Enfin la fissure Martinetti est libre. Dans la fissure Alain, ça continue à ferrailler dur! Pitons, coups de marteaux : étrange pour une fissure en libre! C'est comme ça, chacun fait ce qu'il peut! Après, on raconte : « Formidable, cette fissure en libre, exposée en diable, coincement des doigts, des pieds... » On oublie de parler des pitons supplémentaires, d'un étrier vite escamoté : il faut bien à chacun sa part de gloire!

Au milieu de la matinée, nous atteignons la petite terrasse en bordure de la face ouest. Vue impressionnante sur la face ouest, plongée vertigineuse. Lignes fuyantes des grandes dalles de protogine ocre. De froides ascendances rapides montent du vide, nous fouettant le visage. Instants de vertige, griserie de l'altitude. Quelque temps plus tard, dans la lumière dorée de ce vide étonnant, je grimperai en solitaire [1].

Les derniers mètres sous le sommet sont verglacés. L'horaire encore une fois s'en ressent. Un tunnel naturel traverse le sommet du Petit Dru de face nord en face sud. Si on l'emprunte, on gagne une heure. Edouard n'est pas contre. Il se sent d'ailleurs assez fatigué par cette escalade qui, sans être d'une grande difficulté, reste très athlétique. Huit cents mètres, c'est déjà un beau morceau.

Nous traversons le tunnel. Changement brutal de climat : nous quittons l'ombre pour le soleil. Douceur des ascendances tièdes, lumières brillantes, spectacle différent. Le glacier de la Charpoua, tourmenté; l'arête, ecclésiastique, de l'aiguille Verte. Le Moine, la Nonne, l'Evêque, l'aiguille du Cardinal, sans oublier l'Enfant de Chœur...

Les deux cordées qui nous suivent empruntent aussi le tunnel. Une demi-heure de repos. Allongés sur une large terrasse au soleil, nous écoutons les pulsations de notre sang. Nous les sentons au bout de nos doigts. Instants de rêverie...

1. Voir *La Montagne à mains nues.*

Rappels après rappels, nous plongeons dans la face sud, dans les méandres des couloirs rocheux conduisant au glacier de la Charpoua. La cadence s'est ralentie et la fin de l'après-midi est déjà bien entamée lorsque nous traversons le glacier. Très crevassé, il nous oblige à de nombreux détours. Lorsque nous atteignons le refuge, planté sur un large promontoire rocheux, nous parvient l'appel du dernier train pour Chamonix. Chamonix, ce soir, c'est encore possible, mais à pied. Edouard préfère attendre demain, rien ne le presse. Pour moi, il est impératif d'être présent, demain lundi, à la première heure, à l'Ecole.

Je dévale en courant les pentes d'éboulis et les moraines. Un de nos compagnons de la journée me talonne de près. Sa femme est à Chamonix, il souhaite la retrouver au plus vite.

Il fait nuit lorsque nous prenons pied sur la mer de Glace. Nous sortons du sac nos lampes frontales déjà bien affaiblies par la nuit précédente. Le glacier, sous l'influence d'un vent tiède, est extrêmement glissant. La pâle lumière de ma lampe n'est bientôt plus qu'un souvenir, comme celle de mon compagnon. Bientôt, perdus dans les dédales d'une zone très crevassée, nous avançons à pas lents, cherchant dans l'obscurité les reliefs, les failles du glacier. Sur la surface suintante nous dérapons dangereusement. Je chausse mes crampons. Mon compagnon, démuni de ces précieux instruments, ne peut plus faire un pas sans risquer de se précipiter dans une crevasse. Je lui conseille de rester sur place et d'attendre le jour. Avec son matériel de bivouac, il passera une nuit relativement confortable. Seul, je continue ma marche de plus en plus lente dans le sombre labyrinthe. J'oriente ma progression dans la direction présumée de la grotte de la mer de Glace, à l'aplomb de la gare du Montenvers. Je n'aurais jamais pensé qu'il fût aussi compliqué, voire dangereux, de se déplacer de nuit sur un glacier si facile de jour. Je me promets, à l'avenir, de ne plus plaisanter sur les alpinistes égarés, bivouaquant à portée de voix du Montenvers.

Je dois par moments franchir de petits ravins formés par les crevasses refermées sous la pression des glaces en amont, suivant les courbes du glacier. Comment savoir si je descends l'un des bords inclinés pour remonter sur l'autre bord, ou sur l'arrondi d'une crevasse plus profonde et bien ouverte?

La prudence serait d'attendre le jour. J'entends d'ici les plaisanteries saugrenues. Entêté, je continue. Je finis quand même par trouver la grotte de glace, le sentier du Montenvers. A 2 heures du matin je rentre à l'Ecole et m'affale sur mon lit.

— Oh! René! dépêche-toi, tu vas être en retard.

— Quoi! Quelle heure est-il?

— 6 heures. On part avec le stage à Tête-Rousse. Aujourd'hui, école de sauvetage sur le glacier de Bionnassay. Demain, face nord de Bionnassay et traversée du Mont-Blanc jusqu'à l'aiguille du Midi.

— Bon sang, quel métier!

Douche froide. Coup de rasoir, un bol de café au réfectoire et je saute dans le car qui nous transporte au téléphérique des Houches.

Rien de tel qu'une montée sur le sentier jusqu'au refuge de Tête-Rousse pour se faire les jambes. Le soir, à 20 heures, je m'allonge avec délice sur le bat-flanc du refuge. Lever : 23 heures; départ : minuit. Conditions extra dans la face nord. Lever du jour au dôme du Goûter et du soleil au sommet du Mont-Blanc. Un spectacle à ne pas manquer. A 11 heures, l'aiguille du Midi. Bon horaire, tout a bien marché. Quelques stagiaires traînent bien un peu la jambe, mais dans l'ensemble ils sont tous bons.

Dans l'après-midi, repos à l'Ecole. Chose inhabituelle pour moi, je fais la sieste après le déjeuner et, comme personne ne vient me réveiller, je dors jusqu'au lendemain matin. Voilà comment vient la grande forme.

Etre toujours en bonne condition physique, suivre de très près l'évolution de la technique est une nécessité impérative. La sécurité du client, du guide en dépend directement. Pour ces raisons, une vie saine est indispensable. Un guide n'est pas un champion de course à pied, de 100 mètres ou de 1 000 mètres, mais il doit pouvoir, pendant des heures, des jours entiers, se battre contre les pires éléments. C'est là un effort physique et moral parfois plus rude que la plus violente compétition sportive.

Rester dans le jeu, à la hauteur d'un alpinisme dont l'évolution est constante, demande beaucoup de volonté : fréquentation des écoles d'escalade, entraînement entre guides sans client dans des courses de haute difficulté.

La forme physique et morale, c'est aussi la joie d'exister. Sur ce sentiment de bonheur doit s'étayer la profession.

Un record...!

J'ai eu l'occasion, au cours de mon métier, de faire d'autres marathons en altitude. Il serait trop long de tous les citer. Cependant, l'un d'eux fut l'occasion d'une grande surprise pour le gardien du refuge du Requin qui me vit partir en courant à 4 heures du matin par un versant de la montagne et revenir sept heures plus tard par le versant opposé.

La semaine s'était déroulée en école d'escalade, glace et rocher, cours théoriques, etc., comme tout début de stage. Les nuages avaient copieusement déversé leur chargement de pluie dans la vallée et de neige en altitude. En revanche, le week-end s'annonçait très beau. Depuis le vendredi matin, le soleil rutilait.

Edouard est à Chamonix, impatient, sous le signe de la grande forme. Hélas, aucune ascension de grande envergure en haute altitude n'est possible. Malgré l'enneigement, je pense que l'arête du Chapeau à Corne, à l'aiguille du Requin, est réalisable. Je propose cette escalade à Edouard et il l'accepte volontiers.

Le samedi soir, nous montons au refuge du Requin gardé par le célèbre porteur Ulysse et sa charmante et admirable sœur, Gilberte Maerthen. Nous y trouvons Francis Bozon, comme moi professeur à l'Ecole nationale. Un très sympathique garçon avec lequel j'ai de très bons rapports. Il encadre un groupe d'une dizaine d'alpinistes du Club alpin d'Annecy et projette l'ascension du Requin par le même itinéraire que nous.

Au matin, nous les laissons partir devant. A deux nous aurons vite fait de les rattraper, puis de les dépasser.

L'enneigement est plus important que nous ne l'avions supposé. Depuis le refuge, une grande partie de l'arête est invisible. Lorsque nous arrivons au sommet du premier ressaut, celle-ci nous apparaît avec de nombreuses plaques de neige, qui vont en s'épaississant jusqu'au sommet. Désappointement.

Francis Bozon doit surmonter pas mal de difficultés avec son groupe. Sa progression en est sensiblement retardée.

Seul, il n'atteindra jamais le sommet avant la nuit. S'il ne fait pas demi-tour, c'est le bivouac assuré. D'accord avec Edouard, je lui propose mon aide pour conduire son groupe. Ensemble nous continuons l'ascension. Dans la neige de plus en plus épaisse, par endroits jusqu'au ventre, nous gravissons l'arête. La nuit nous surprend sous le sommet. Tout se passe bien malgré tout. Descente de la voie normale dans la nuit. A 1 heure du matin, l'équipe au complet est de retour au refuge.

Francis a tout son temps pour descendre à Chamonix, aucune activité n'est prévue pour le lundi matin. Ce qui n'est pas mon cas. A 4 heures du matin, Gilberte me réveille. En cette saison, un train doit partir à 5 heures ou 5 h 30 du Montenvers pour Chamonix. Je pars en courant sur les moraines et les névés qui rejoignent la mer de Glace. Sur le glacier je prends un rythme plus régulier mais toujours au pas de course. Il est à peine 5 heures lorsque j'arrive à Montenvers. Pas de train avant 6 heures. Encore une fois je descends au pas de gymnastique le sentier vers Chamonix où j'arrive à 5 h 45. Dans la cour de l'Ecole, les sacs sont alignés. Sur le pas de la porte apparaît le large béret d'Armand Charlet. Regard soupçonneux du maître. Air détaché du professeur guide qui semble sortir de sa chambre...

— Vous allez être en retard, Desmaison. Vos camarades ont déjà pris leur petit déjeuner.

— Non, non, Armand, je suis prêt. J'ai oublié de monter mon réveille-matin.

— Vous n'êtes pas rasé, Desmaison.

— J'y vais tout de suite, Armand.

— Vous n'avez plus le temps, nous prenons la benne de 6 heures pour l'aiguille du Midi : un professeur doit toujours être dans une tenue irréprochable.

Déjà les stagiaires sortent du réfectoire, se précipitent sur leur sac et partent pour le téléphérique.

Je me glisse au réfectoire des professeurs. J'avale un bol de café.

— Quel est le programme?

— Traversée Midi-Plan et refuge du Requin, me répond un professeur.

A 11 heures, avec le stage, j'arrivais au refuge du Requin sous le regard ahuri de Gilberte et Ulysse.

***

Le meilleur terrain pour juger un guide, c'est la haute montagne où se mêlent rocher, neige et glace. Les ascensions sont longues mais classiques. C'est-à-dire de difficulté moyenne. Sur ce terrain où l'on peut progresser rapidement, on a vite fait de découvrir les futurs grands guides, ceux qui possèdent une bonne résistance physique, de bons réflexes, un bon jugement quant au choix de l'itinéraire. Là, les brillants grimpeurs d'école sont parfois décevants. Forts dans la difficulté pure, ils sont souvent désorientés sur ce terrain mixte où il ne faut pas perdre de temps. Le souci majeur du guide en montagne n'est pas de faire courir son client mais de ne pas perdre de temps. Là réside, dans bien des cas, la sécurité de la cordée. Savoir choisir la corde la mieux adaptée à une ascension précise (diamètre, longueur, corde à double ou simple), c'est déjà s'assurer au cours de l'ascension un gain de temps appréciable. Savoir définir la longueur et le poids du piolet et déterminer les crampons à prendre suivant l'ascension envisagée fait partie du métier. Il y a ainsi une foule de petits détails qui font le sac lourd ou léger et la cordée plus ou moins mobile. L'A.B.C. de la profession.

Cet A.B.C., je le connaissais maintenant sur le bout des doigts et, après trois années d'enseignement, je sentais qu'il me fallait quitter l'Ecole nationale.

Je me laissais aller : qu'il pleuve ou qu'il vente, mes honoraires rentraient régulièrement chaque mois. Six mois de salaire pour trois mois de travail apportaient un certain confort, mais je ne me sentais plus stimulé par le besoin impératif de gagner ma vie, combat que je juge indispensable à un certain stade de la vie d'un homme.

Le petit bonheur que j'éprouvais le matin, à l'heure de me lever pour partir en course, en entendant la pluie battre les tôles du refuge, m'assurant ainsi quelques heures de sommeil supplémentaire et le repos pour la journée, laissait s'insinuer en moi des doutes quant à la sincérité de ma vocation. Les ascensions en caravanes, en groupes, avec la préoccupation constante de la note à donner et à inscrire sur le carnet, ne correspondaient pas à ce que j'attendais de la montagne. Je n'étais pas fait pour ça. Liberté, solitude, poésie, l'esprit même de la cordée comme je le concevais était remis en question. De plus en plus j'aspirais à partir seul avec mon client, mon compagnon de cordée que je choisirais et qui me choisirait.

Soudain, en 1963, en pleine saison, je décidai, au détriment de mes intérêts immédiats, de quitter l'Ecole. Le comportement inattendu et peu élégant d'un des professeurs, chef de stage de guides, auquel j'étais attaché pour un mois, avait déterminé la rupture.

Depuis le début de la saison, chaque week-end, je m'entraînais à l'alpinisme solitaire. Course en calcaire, arête nord du Peigne, etc. Mon projet important était, en fait, la face nord des Jorasses. L'enneigement de la paroi en ce mois de juillet ne me permettait pas de réussir seul cette ascension en un seul jour. En revanche, la face ouest des Drus, plus difficile, se trouvait en parfaite condition. Connaissant la paroi, je pouvais la gravir dans la journée et être de retour à Chamonix dans la nuit du dimanche au lundi.

Le samedi après-midi, avant de monter au bivouac habituel des Drus, je m'étais informé du programme de la semaine suivante. Rien n'était prévu, affiché, au tableau des programmes. Le professeur maître et plusieurs de mes compagnons étaient au courant de mes projets qui ne gênaient en rien les activités de l'Ecole. Bien au contraire, il est, je crois, indispensable que les professeurs chargés de l'enseignement restent à la pointe de la technique en réalisant eux-mêmes les ascensions les plus difficiles. Le prestige de l'Ecole en dépend directement. La nécessité de cette évolution a aujourd'hui été comprise par la nouvelle direction et les professeurs.

Au cours de l'ascension, je devais faire une chute. Un piton lâcha brusquement alors que je lui confiais tout mon poids. Je n'eus la vie sauve que grâce à un système d'auto-assurance. Ma corde me retint après une chute brutale de vingt mètres. Mon bras droit blessé allait me ralentir considérablement, et je rentrai à Chamonix avec un jour de retard!

Le stage de guide, fait étonnant, était parti pour Zermatt faire l'ascension du Cervin. Habituellement les voyages à l'extérieur étaient prévus la semaine précédente. La décision rapide du chef de stage pour ce départ en Suisse était des plus surprenantes. Il m'obligeait ainsi à une absence forcée.

Pour moi, c'était clair, on avait voulu me mettre en défaut. Il eût été facile, en effet, de conduire le stage dans un refuge du massif où bien des courses sont plus intéressantes que le sentier qui serpente tout au long de la voie normale du Cervin. De cette façon, j'aurais pu, le mardi soir, rejoindre les autres.

Furieux, je fis un foin du diable à l'Ecole. Le directeur, évidemment, me convoqua dans son bureau, où je lui dis ma mésaventure dans la paroi et toute mon amertume quant au comportement du chef de stage.

Le rôle du directeur, veiller au bon fonctionnement de l'Ecole, n'allait pas sans difficultés. Il savait bien que l'exploit que je venais de faire en gravissant en solitaire la face ouest des Drus ne nuisait pas à la bonne réputation de l'établissement. Mais il n'ignorait pas non plus les rivalités existant entre quelques professeurs. Ménager tout le monde posait parfois des problèmes. Les hommes de montagne, au caractère rude, endurci par leur métier, ne sont pas faciles à diriger.

— Tu comprends, me dit Jean Franco, très embarrassé, lorsque tu t'absentes un jour, tes camarades sont obligés d'assurer ton travail.

Alors là, je fais un bond.

— En trois ans, lui répondis-je, je ne me suis arrêté que quatre jours. Et encore parce que, au cours d'une chute à l'aiguille Verte, je m'étais foulé les deux chevilles. Je ne me plains pas, moi, d'avoir assuré le travail d'Untel qui, l'an passé, est resté absent un mois pour congé de maladie, ce qui lui a permis d'activer la construction de son chalet! Le départ pour Zermatt au dernier moment, je le prends pour un coup direct et je ne l'accepte pas.

— N'en fais pas une histoire. Repose-toi cette semaine et

reprends ton travail la semaine prochaine. Seulement, tu ne dois plus partir en course seul le dimanche.

— Pas question. Je me suis entraîné pour faire de grandes courses en solitaire et, si le temps est beau, dimanche prochain je vais aux Jorasses.

— Je ne t'en donne pas l'autorisation, me dit Jean Franco.

— Ça ne fait rien. J'irai, avec ou sans autorisation.

— René, si tu étais à ma place, que ferais-tu?

— Je mettrais Desmaison à la porte de l'Ecole.

— Je ne veux pas et je ne peux pas te renvoyer parce que tu as fait la première ascension en solitaire de la face ouest des Drus!

— Alors, c'est moi qui pars.

— Réfléchis quelques jours avant de prendre une décision.

— C'est tout réfléchi!

— Tu me donneras ta réponse demain.

Le lendemain, je quittais de mon plein gré l'Ecole nationale d'alpinisme.

Yves Pollet-Villard, Charles Bozon et Armand Charlet devaient désapprouver mon départ précipité. Mais je crois qu'ils comprirent ma décision, mon aspiration à une autre forme d'alpinisme. Mon choix était fait. J'étais libre d'aller où bon me semblait. Les engagements pour les courses ne devaient pas me manquer. Mais le mois d'août fut épouvantable. Tous les projets annulés. J'allais connaître le prix du mauvais temps pour un guide. Cette année-là, à la maison, nous allions souvent manger des pâtes. (Simone savait les préparer et de différentes façons. Alors...)

Un dernier mot sur ce chapitre : Jean Franco est resté un ami. S'il a dû lui-même quitter l'Ecole un jour, c'est peut-être pour s'être opposé à la construction de la nouvelle école en plein centre de la ville. Bâtir des taupinières de béton aussi disgracieuses à Chamonix, c'est une singulière façon d'aimer la montagne! Qui la détesterait ne s'y prendrait pas autrement. Mais il paraît que ces tours de béton, certains les trouvent belles. Ils ont oublié — s'ils l'ont jamais su — que la présence des montagnes dominant la vallée exigeait une architecture en accord avec elles. Pas pour des raisons doctrinales. Pour le simple bonheur de ceux qui viennent chercher ici autre chose qu'une ville comme les autres. Chamonix aurait pu ressembler à Zermatt. Respecter le style montagnard. Moins de béton et plus d'amour. Mais il faut bien — semble-t-il — que les promoteurs et leur clique, hommes de paille et compagnie, justifient leur existence et leurs dividendes.

Dès mon départ de l'Ecole, je me consacrai à la clientèle privée, aux reportages photographiques et filmés et, un peu plus tard, aux activités de conférencier dans le circuit « Connaissance du Monde ».

Plusieurs de mes reportages parurent dans *Paris-Match*, dans la presse générale, à la radio et à la télévision. L'un d'eux fit grand bruit dans la vallée du Mont-Blanc et dans la presse internationale : le reportage réalisé en 1966 au cours d'un sauvetage où, avec l'alpiniste américain Gary Hemming, le guide Vincent Mercié et cinq autres compagnons, je pus rejoindre deux alpinistes allemands bloqués depuis plusieurs jours dans la face ouest des Drus. Sans notre intervention, ils étaient irrémédiablement perdus. C'était le reportage d'un sauvetage heureux, d'hommes vivants. Il me fut reproché comme une calamité. Pourtant, notre intervention dans la paroi ouest n'avait pas été motivée par le reportage, mais par la seule nécessité d'intervenir rapidement et efficacement pour sauver deux hommes. Aussi, quelle ne fut pas ma surprise de voir, quelques années plus tard, paraître un livre sur le secours en montagne, illustré des photos les plus sinistres : corps torturés, brisés. On peut se poser des questions sur les motivations d'un tel ouvrage... Il n'a guère été apprécié dans les milieux de l'alpinisme.

En janvier 1968, je réalisai avec le guide Robert Flematti la première ascension du « Linceul », dans la face nord des Grandes Jorasses. Au cours de cette ascension, nous avons fait un reportage radiophonique en direct sur les ondes de R.T.L., avec la collaboration de Christian Brincourt, alors reporter à R.T.L., et de Pierre Joffroy et Georges Ménager pour *Paris-Match*. C'était le premier reportage en direct sur une grande ascension hivernale. L'aventure devait durer huit jours.

Les fréquentes chutes de neige et le temps consacré aux émissions prolongèrent l'ascension de plusieurs jours. Chaque émission nous prenait une heure. Au mois de janvier les jours sont courts. Nous avions aussi un matériel lourd à transporter : deux postes émetteurs-récepteurs, les accus de rechange, le matériel et les vivres nécessaires. D'autre part, en 1968, les piolets traction à lame courbe, les crampons à quatre pointes frontales n'existaient pas. La glace vive est très dure en hiver, il fallait tailler. Donc, pas question de monter rapidement comme on le fait aujourd'hui avec ces nouveaux et remarquables outils.

L'avant-dernier jour, à trois longueurs de l'arête des Hirondelles, nous avons essuyé une tempête exceptionnellement violente. Pendant plusieurs heures nous sommes restés immobiles, retenus par une broche à glace, sur une étroite marche où nous ne pouvions poser que la partie antérieure des crampons; la force du vent était telle qu'il nous était impossible d'agrandir la marche de glace. Une toile de nylon, maintenue autour de nos têtes, nous protégeait des glaçons arrachés sur le glacier par le vent et projetés jusqu'au sommet de la paroi. Lâcher la toile et découvrir nos visages pour tailler un plus grand relais nous aurait exposés à de graves dangers.

Le lendemain, après une nuit difficile, nous avons atteint l'arête des Hirondelles et, le soir même, à la nuit, le glacier de Léchaux. Ascension et reportage furent un succès, mais nous avions eu chaud! Façon de parler, par moins trente degrés!

Pendant la durée de l'ascension, Christian Brincourt se déplaçait, malgré le mauvais temps, entre le refuge et le pied de la paroi avec son poste émetteur-récepteur. C'était son premier reportage en montagne.

Georges Ménager fit, lui aussi, un véritable exploit. Il descendit à skis du refuge jusqu'à Chamonix, dans le brouillard, le givre et le vent. Il chaussait des skis pour la première fois. Nous n'avons pas compté le nombre de ses chutes... Il y en avait trop... Sac sur le dos (il n'avait pas voulu s'en séparer), appareil de photos sur la poitrine, cigarette et sourire aux lèvres, il se relevait, glissait vers la prochaine chute pour se relever à nouveau, sans négliger un seul instant son travail de photographe. Un grand reporter. Dans la vallée, Pierre Joffroy remontait le moral de Simone qui en avait bien besoin. Depuis cette aventure, nous sommes tous restés de bons amis.

Ces différents succès continuaient à soulever polémiques et animosités. Mais je le savais dès le départ. Je n'avais choisi ni la facilité ni la sécurité. Les rivalités, les jalousies qui rendent les gens odieux étaient pour moi la confirmation que j'étais sur la bonne voie, et ce n'était pas la vindicte de petits ou grands montagnards, professionnels ou amateurs, connus ou inconnus, qui allait m'arrêter en cours de route [1].

L'hypocrisie, le mensonge, la mythomanie font aussi partie du monde de la montagne. Croire qu'on ne peut rencontrer dans ce noble milieu que des êtres vertueux serait une profonde erreur. Là comme ailleurs, l'homme garde ses tares et ses vertus, chez le professionnel comme chez l'amateur.

Je connais de belles ascensions, prétendument faites en solitaire, dont la première reste à accomplir... Etonnant aussi comme les relations d'escalades changent suivant les protagonistes. Pourquoi ne pas reconnaître les moyens employés et les résultats obtenus? Tôt ou tard ils sont connus de la majorité des alpinistes. Technique himalayenne! technique alpine! artificielle! libre! Pourquoi vouloir faire croire qu'on a gravi une paroi en hiver en escalade libre et en dix jours si l'ascension s'est déroulée sur un mois et en escalade artificielle? Pourquoi se faire passer pour un formidable grimpeur

1. Certains d'entre eux n'hésitèrent pas à faire dans différents organes de presse, voire dans des livres, des déclarations chargées d'une dose d'hypocrisie et de mensonges tout à fait exceptionnelle. Un pigiste parisien, un certain Jacques Bourget, mit carrément le paquet en déclarant que, sous le sommet des Grandes Jorasses, en février 1971, *je photographiais mon compagnon à l'agonie.* Il écrivit bien d'autres énormités. Je ne sais si ce personnage était inspiré par le souffle de la montagne ou le besoin de se concilier, dans un espoir de promotion, la sympathie de quelques personnalités alors bien placées à Chamonix, ou s'il cherchait à vendre son livre en relançant les polémiques. Ce n'est pas mon affaire, mais la sienne en face de sa conscience — si tant est qu'il s'en reconnaisse une.

de libre si on ne l'est pas? De toute façon ça ne prend pas, et on peut avoir d'autres qualités! Le marathon en altitude n'a rien à voir avec la difficulté technique et les parois de sixième degré : deux conceptions de l'alpinisme. L'une n'a pas à avoir honte de l'autre.

3

Le fantôme de la combe Maudite

Claude Chautemps, polytechnicien, pilote d'essai, est depuis ses jeunes années un passionné de la montagne. Eté comme hiver. L'été sur les pistes des sommets, l'hiver sur les pistes de ski!

Un mètre soixante-quinze au-dessus de ses chaussures. Pour protéger son crâne, à la longue dégarni par les vents de l'altitude, il porte un béret auquel il semble tenir énormément. A part le casque d'alpinisme, je ne l'ai jamais vu avec un autre couvre-chef!

Sous ce béret légendaire dans le milieu bleausard (il s'entraîne fréquemment sur les circuits d'escalade de l'école de Fontainebleau), on voit un visage large, en général souriant mais qui, suivant les circonstances, peut devenir bougon : nuages bas, signes précurseurs de mauvais temps, douleurs au bras gauche, voire le café express de Mme Tournier (son hôtelière au village des Praz) si, par hasard, il a du mal à passer. Buste épais, dos légèrement arrondi, bras longs et solides, Claude n'est pas, par son physique, ce qu'on appelle un charmeur. D'ailleurs, c'est le cadet de ses soucis. Il se veut coureur de sommets. Sa liste de courses est déjà longue et des plus éloquentes quant à la qualité.

Parmi les belles classiques du massif du Mont-Blanc, Claude n'avait pas encore épinglé les aiguilles du Diable. Une magnifique traversée d'arêtes au-dessus de 4 000 mètres qui s'achève au sommet du mont Blanc du Tacul. Cinq aiguilles de granit, aériennes, difficiles. Il me demanda de le guider.

Je connaissais bien cette traversée pour l'avoir parcourue à différentes reprises, au cours soit des stages avec l'Ecole nationale soit d'engagements particuliers. Un guide, pour vivre de son métier, est amené à refaire assez souvent les mêmes ascensions. Il en est que l'on refait volontiers. Je n'ai jamais éprouvé de lassitude au cours d'une ascension esthétique, comme celle des aiguilles du Diable, et c'est avec plaisir que j'acceptai l'engagement de Claude.

En fin de journée, sacs bouclés, légers — il faut peu de matériel pour ce genre d'ascension —, nous prenons le dernier téléphérique pour l'aiguille du Midi et le col du Géant. Nous passerons la nuit au refuge Torino, sur la frontière italienne. Disons une partie de la nuit car le départ est fixé à 1 heure du matin. Ainsi, au jour, nous atteindrons le col du Diable, le début de la traversée.

Le soir s'emplit d'un calme extraordinaire. Depuis la terrasse du refuge nous contemplons l'admirable spectacle que nous offre le val d'Aoste où s'allument les premières lumières d'Entrèves et de Courmayeur. Le col du Géant retrouve le silence de l'altitude. Les derniers touristes ont fui avec le dernier téléphérique, emportant avec eux leur concert de braillements, de ricanements, d'impudeurs parfois.

La neige autour du refuge et des installations mécaniques

est jonchée d'emballages de pellicules, de papiers gras et, même ici, de mégots... Les mille petites saletés qui marquent, dans tous les lieux touristiques, en montagne et sur les côtes, le passage de la multitude envahissante et peu respectueuse de la nature.

Les montagnes s'estompent dans la nuit. L'énorme masse blanche du Mont-Blanc, veinée de ses piliers roux, se découpe à peine sur le ciel étoilé. Une brise fraîche, venue des glaciers, nous incite à rentrer au refuge.

Minuit trente. Le gardien nous réveille au plus profond de notre sommeil, l'instant où il serait bon d'entendre la pluie battre les tôles de la toiture du refuge. La bouche pâteuse, les paupières lourdes, tout le corps engourdi — nous avons dormi à peine trois heures trente —, nous avalons un bol de thé par habitude. Le mieux, c'est de partir vite, le froid vivifiant de la nuit sur le visage remettra tout en place.

A grands pas, à la poursuite du halo de nos lampes frontales, nous descendons les pentes neigeuses du col du Géant. Nous laissons à gauche la forme imprécise de la Tour Ronde et pénétrons dans la nuit noire, sans lune, de la combe Maudite, large cirque glaciaire entouré de hautes murailles dantesques : aiguilles de la Fourche, mont Maudit, col Maudit, aiguilles du Diable!

Une zone de crevasses faciles à contourner nous oblige à de petits détours. La surface du glacier se resserre, s'unifie. Les crevasses s'effacent. Il n'y en a plus, je le sais, avant la rimaye. J'oriente notre marche en direction de l'aplomb du col du Diable, à peine discernable sur le ciel sombre, comme l'arête que nous allons gravir.

Tout à coup il me semble entendre, venant du fond de la combe Maudite, des profondeurs de la nuit, une longue plainte. L'espace d'un instant, je me fige. J'écoute attentivement. Claude s'arrête à quelques mètres de moi.

— Que se passe-t-il? Une crevasse?

— Non, rien, ma lampe s'est déplacée.

Je repars, plus lentement, l'oreille aux aguets. Plus rien. Sans doute une hallucination. Ce n'est quand même pas le bol de thé pris au refuge qui me monte à la tête! Je rêve en marchant, c'est sûr. J'ai cru entendre... voilà tout... Au fond des crevasses l'eau peut parfois produire des sons bizarres... Il n'y a plus de crevasses depuis un bon moment... Le glacier qui bouge peut-être? Quand même, le son est bien étrange... A moins que... Oh! non... Je ne crois pas aux fantômes, aux âmes errantes. Malgré les noms, évocateurs de malédictions, des sommets qui nous entourent, qui pourrait croire à la visite de ces esprits si bien décrits dans quelques récits d'alpinistes, forcément anglais, des générations passées?

Pourtant, je me souviens d'Armand Charlet me disant, lui qui, on le sait, n'avait pas tellement le boyau à la rigolade : « Je connais en Suisse, sur une arête, une cabane abandonnée depuis des années où je n'irais pas passer la nuit. » Bien entendu, il n'a jamais voulu en dire davantage...

Franchir la rimaye n'offre guère de difficultés cette année. Le tout est de la passer au bon endroit afin d'éviter de trop longues traversées à gauche ou à droite pour rejoindre l'axe du couloir à l'aplomb du col. Se tromper au départ est toujours une perte de temps difficile à rattraper.

Au-dessus de la rimaye, les pentes de neige, les rochers se confondent, tellement la nuit est sombre. Seules nos lampes, affaiblies par la marche d'approche, laissent deviner les vagues reliefs. Enfin des traces récentes sur la neige nous indiquent le passage. Un rocher caractéristique, repéré en d'autres occasions, nous le confirme.

Mais la neige abondante a noyé en partie les repères et, une fois la rimaye franchie, je ne trouve pas le becquet rocheux où je passe habituellement la corde pour assurer le second. Mais Claude est solide sur ses crampons, c'est un bon montagnard. Aussi, sans crainte, je l'assure à l'épaule.

— A toi, Claude.

— Fais, attention, René... Je n'ai pas très confiance dans ce pont de neige.

— Tu peux y aller. La neige est bien gelée. C'est solide.

Le rayon de sa lampe, par intermittence, balaie le haut de la rimaye. Et puis...

Lugubre, prolongé, le cri monte de la nuit.

Cette fois, ce n'est pas une hallucination. J'ai bien entendu une longue plainte angoissée, à vous glacer le sang.

Claude enjambe le bord supérieur de la rimaye. Je le laisse venir près de moi.

— Tu n'as rien entendu, Claude?

— Non, rien. Pourquoi?

— Enfin quoi... Deux fois j'ai entendu un cri bizarre.

— Où ça?

— Là, quelque part dans la nuit. La première fois, je veux bien mettre ça sur le compte de mon imagination. Mais la deuxième... Tiens! écoute!

Un long gémissement d'agonie, indescriptible, me fait de nouveau frissonner.

— Tu as entendu cette fois?

— Oui. C'est curieux! A ton avis, d'où ça vient?

— Je ne sais pas, on dirait... Oui, peut-être de la face est du Maudit. Ou de l'arête sud-est.

— Ou du col Maudit, dit Claude.

— Ça fait un peu loin.

— La nuit, les sons portent loin. Il n'y a pas le plus petit souffle de vent. Si on appelait pour signaler notre présence?

— Je ne pense pas que ce soit une bonne solution. On risque d'alerter les alpinistes qui se trouvent au refuge de la Fourche. Ils pourraient penser que nous sommes en difficulté.

Nous restons silencieux, immobiles un bon moment. Rien. La nuit semble encore plus noire, le silence plus lourd.

— Claude, on essaie quand même un appel. Une cordée est peut-être en difficulté.

— D'accord. On appelle ensemble.

— Oooooooooh! Ooooooooooooh!

Aucune réponse ne nous parvient. Le silence complet. Nous nous regardons, le faisceau de nos lampes dans les yeux.

— Tu m'éblouis!

— Toi aussi. Tourne ta lampe.

— Tu crois aux esprits, Claude?

— Non, et toi?

— Non... Mais je n'aime pas beaucoup ça.

— Quoi ça?

— Ce que nous venons d'entendre.

— Tu crois qu'on a vraiment entendu quelque chose?

— Allons donc! Tu as bien entendu toi-même.

— Il m'a semblé... Après tout, je ne suis pas tellement sûr, dit Claude.

— Si je comprends bien, c'est moi qui entends des voix!

— Je ne dis pas ça. J'ai bien entendu quelque chose, mais c'est peut-être le glacier qui bouge.

— Drôle de bruit pour un glacier.

— Qu'est-ce qu'on fait? demande Claude.

— Pour le moment, on reste sur place, on attend, on verra bien.

Une demi-heure se passe dans le silence le plus absolu.

Il est évident que je dois prendre une décision : ou retourner au refuge et prévenir le gardien que nous avons entendu des sons impossibles à définir, sans aucune précision quant à leur provenance, ça ne servira pas à grand-chose à l'heure qu'il est, ou remonter au col du Diable, nous y aurons une vue plongeante sur la combe Maudite dès le lever du jour. Si nous découvrons quelque chose de précis, nous redescendrons au plus vite pour donner l'alarme au refuge. Si nous n'apercevons rien, alors nous poursuivrons notre ascension tout en continuant à observer le glacier et le versant du mont Maudit. Du refuge des Cosmiques, que nous atteindrons en fin de matinée, j'informerai le secours en montagne des événements de la nuit.

Nous optons pour cette deuxième solution, elle nous semble plus logique.

Sur la neige dure les crampons tiennent bien. Ensemble, sans faire de relais, nous gravissons les premiers deux cents mètres, puis la pente se redresse et, par prudence, j'assure Claude à chaque longueur. Au petit jour, nous atteignons le col. La combe est encore dans l'ombre, il est trop tôt pour en voir tous les détails.

Sans perdre de temps nous escaladons la première aiguille : la Corne du Diable. Le soleil monte de l'horizon et le grand jour chasse les dernières brumes de la nuit.

De notre observatoire, nous explorons la partie visible de la combe, le versant est du mont Maudit face à nous. Aucun détail anormal n'attire notre attention. Sur l'arête sud-est du Maudit, une cordée est engagée déjà très haut.

— Ils ont dû bivouaquer sur l'arête cette nuit, dit Claude. C'est peut-être eux qui nous signalaient leur présence.

La combe Maudite, que nous observons du sommet de chacune des aiguilles gravies, nous semble toujours aussi déserte. Le versant est du mont Maudit, vide de toute présence.

La dernière des aiguilles du Diable, avant le sommet du mont Blanc du Tacul, l'Isolée, culmine à 4 114 mètres. C'est la plus belle de cette traversée, la plus difficile aussi, avec son passage célèbre : une fissure légèrement surplombante cotée en cinquième degré. Nous la gravissons en pensant, comme il est convenable de le faire, à Armand Charlet qui en réussit la première ascension en 1925, en chaussures à clous... Du sommet nous avons une vue complète du glacier, des contreforts du col Maudit où une autre barre de séracs surplombe le fond de la combe.

A l'aplomb du col, sur plusieurs centaines de mètres, une coulée d'avalanche, de blocs de séracs, s'étale dans la combe. Les alpinistes qui viennent gravir, assez rarement, les murailles situées à gauche ou à droite du col évitent soigneusement de passer dans l'axe de chute des séracs.

Le sommet de l'Isolée est pour nous le dernier point d'observation possible sur le cirque du glacier. Plus haut, vers le mont Blanc du Tacul, la combe ne sera plus visible. Nous portons donc un soin particulier à examiner en détail les rimayes, les arêtes rocheuses, les goulottes de glace où notre vue peut porter. A force de chercher, on finit par voir sur les murailles des taches allongées ressemblant à un corps pendu au bout d'une corde. Mais ce ne sont que des ombres ou les différences de couleur de la roche.

Dans la coulée d'avalanche il y a bien une forme noire qui semble adossée à un bloc de glace.

— Claude, tu vois la forme noire dans la coulée?

— Oui, c'est sûrement un rocher.

— Une ombre peut-être. D'après la position du soleil, ça semble possible.

— Il n'y a pas d'ombre derrière les autres blocs.

— Celui-là est plus gros!

— La cordée de l'arête sud-est arrive au sommet, remarque Claude.

Nous continuons notre observation sur les flancs du Maudit, découvrant encore d'autres formes immobiles. Mais il faut bien admettre que, si l'une de celles-ci est un homme, étant donné la distance qui nous en sépare, il ne mesurerait pas moins de dix mètres! Un peu long, même pour un alpiniste de grande taille.

— Claude! L'ombre du bloc de glace... Elle bouge!

— Elle n'a plus la même forme!

— Elle avance!

— Ça alors!

Nous voyons avec stupéfaction l'ombre se mettre en mouvement. Elle avance de quelques mètres, s'arrête puis repart. Après avoir effectué un cercle, elle revient à sa position première, derrière le bloc de glace.

Il est évident qu'il s'agit d'une silhouette humaine. Un solitaire se promenant dans la coulée d'avalanche du col Maudit! Un endroit parmi les plus dangereux à n'importe quelle heure de la nuit et bien plus encore lorsque le soleil réchauffe l'air et dilate la glace!

Sur ce glacier, six cents mètres plus bas, il se passe des choses vraiment étranges. Les cris dans la nuit provenaient-ils de la mystérieuse silhouette adossée au bloc de glace face aux séracs? Dans ce cas, il est normal que nous n'ayons pu en définir la provenance exacte. Comment imaginer un alpiniste solitaire assez fou pour bivouaquer au milieu de la coulée d'avalanche? Un débutant ne le ferait pas. On ne monte pas sa tente au milieu d'une autoroute.

Devant le comportement étrange du mystérieux personnage qui tourne en rond entre les blocs de glace, on a du mal à imaginer les événements qui ont bien pu se produire au cours de la nuit, ou du jour précédent, dans les fonds isolés de la combe glaciaire.

Un alpiniste solitaire accidenté? Mais pour quelles raisons s'obstinerait-il à rester dans la zone si dangereuse des séracs? Puisqu'il peut marcher, pourquoi ne s'en éloigne-t-il pas au plus vite? Un touriste égaré, surpris par la nuit aux alentours du téléphérique et qui aurait pris, sans s'en rendre compte, la direction du cirque glaciaire? Mais de nuit, sans lampe, passer entre les crevasses!... Ça fait quand même un peu loin depuis le col Géant! Et maintenant, en plein jour, pourquoi rester sur place au lieu de revenir sur ses pas?

En remontant les rochers instables entre l'aiguille Isolée et le mont Blanc du Tacul, nous nous posons une foule de questions. Nous passons en revue les hypothèses les plus extravagantes. Mais nous sommes bien loin de la vérité. C'était une histoire d'amour. Oui, une histoire d'amour...

Du refuge des Cosmiques, j'avais averti l'Ecole nationale (de permanence de sauvetage). Aussitôt prévenu, un hélicoptère part en reconnaissance vers la combe Maudite. L'alpiniste est toujours là, mais plus en aval, vers la rimaye qui longe la rive gauche du glacier. L'appareil se pose à proximité, et un des sauveteurs s'approche du solitaire.

Stupeur! C'est une dame. Une dame qui n'a rien d'une alpiniste. Vêtue très correctement, mais plutôt légèrement pour l'endroit et le moment : pantalon de toile, chemisette, anorak de ski... et, aux pieds, des chaussures de tennis.

Lorsque le sauveteur l'invite à monter dans l'appareil, elle refuse catégoriquement et tente de s'enfuir. L'autre l'empoigne solidement et, sans plus de formes, l'embarque dans l'hélicoptère.

De retour dans la vallée, il fallait bien lui poser quelques questions. On les lui posa.

Eh bien, voici : d'après les explications assez confuses de la dame, qui n'était plus de la première jeunesse, il semblerait qu'elle fût amoureuse d'un ardent chevalier pourfendeur de sommets. Lequel, lui rendant bien mal son amour, l'aurait délaissée pour des conquêtes plus éthérées (ou une autre dame moins outragée par les ans). Aussi avait-elle envisagé de mourir dans ces montagnes qui lui ravissaient le cœur tant aimé.

Pour quitter, d'une façon irrémédiable, ce monde devenu insupportable, il eût été préférable à coup sûr, et plus rapide, de sauter à pieds joints dans un des nombreux couloirs situés en bordure du col à quelques dizaines de mètres du téléphérique. Non, la dame avait choisi d'entreprendre sur les glaciers la marche du désespoir. D'aller se perdre vers les fonds obscurs, peut-être dans le secret espoir que son chevalier errant accourrait, bride abattue, l'arracher aux griffes du dragon des glaces. Hélas, point de chevalier! Par contre, la nuit, elle, était venue. Avec son décor étoilé et sa rude fraîcheur.

Au hasard de sa triste randonnée, elle avait abouti sous les séracs du col Maudit, sans avoir conscience du danger qu'ils représentaient. Surprise par l'obscurité, elle s'était abritée de la bise du soir derrière un des gros blocs de glace qui, ensuite, lui avait servi de dossier. Bivouac improvisé sur un fauteuil surgelé! De quoi attraper un bon rhume. Il faut croire qu'elle possédait une robuste santé.

Au matin, le soleil l'avait réchauffée. Ne sachant où aller et ignorant toujours le danger suspendu au-dessus de sa tête, elle s'était mise à tourner en rond pour raviver la circulation dans ses membres engourdis.

La montagne l'avait prise en pitié. Elle n'avait pas voulu de cette âme en peine d'amour.

Alors, les tristes lamentations de la nuit, d'où provenaient-elles? De ses larmes sur un amour déçu? Du froid, particulièrement vif cette nuit-là, qui lui travaillait les chairs? Ou encore des profondeurs d'une caverne de glace ignorée, quelque part dans le cirque du Diable? Les nuits en montagne sont parfois pleines de mystères.

4

Charles Courteroche et la montagne

Gravir une montagne n'exige pas nécessairement des qualités physiques exceptionnelles. Il n'est pas indispensable d'être un fort à bras, un champion de la corde lisse, des anneaux ou de la barre fixe. Les 4 000 des Alpes, les 6 000 des Andes et les 8 000 de l'Himalaya, si l'on se suffit de les gravir par leurs versants les plus faciles, ce qui est déjà plus qu'honorable, demandent davantage des qualités de bon marcheur, de coureur de marathon, voire une bonne réserve de bouteilles d'oxygène, qu'une proéminente enveloppe musculaire. Mais si l'on prétend escalader des parois rocheuses très difficiles, même de faible hauteur, alors le rapport poids et force doit tendre vers la légèreté, une forte musculature additionnée d'un bon équilibre et de pas mal de souplesse. Encore que des alpinistes d'un poids relativement important, et même à la limite du raisonnable, soient capables, parce qu'ils sont doués et équipés d'une impressionnante paire de bras, de surmonter des passages de grande difficulté.

De tous ces dons, de toutes ces qualités obtenues à force d'entraînement et de culture physique, M. Charles Courteroche n'en possédait que deux : il était bon marcheur et courageux. Deux qualités fondamentales pour conquérir un sommet de moyenne difficulté. Malheureusement, ces qualités s'enlisaient dans les obscures profondeurs de vices redoutables pour un alpiniste : M. Courteroche buvait et fumait plus qu'il n'est raisonnable (il devait plus tard en mourir).

C'était son problème. Il en avait d'autres, mais ça c'était son affaire, pas la mienne, ma préoccupation étant de le guider en montagne et seulement en montagne.

M. Courteroche était un personnage vraiment étonnant. Il n'était pas très grand, un mètre soixante environ. Tête ronde, cheveux rares qu'il brossait soigneusement deux fois par jour, yeux légèrement exorbités, un nez tout ce qu'il y a de plus standard. Et puis une bouche, une bouche où des milliers de paquets de Camel et de cigares de grand cru avaient provoqué de profonds ravages, transformant au long des années sa denture en créneaux noirâtres et pourrissants.

Tout cela n'était rien. Après tout, on a le visage que la nature a bien voulu vous donner. Quant à la denture, il est toujours possible d'y remédier, ce qu'il fit d'ailleurs quelque temps plus tard en remplaçant ses chicots par deux rangées de belles dents d'un blanc éclatant. (Nous ne reconnaissions plus M. Courteroche, il était transformé. Il souriait plus fréquemment pour nous montrer, en forçant le rictus de son sourire, ce qui l'amenait à d'étranges grimaces, ses belles et nouvelles dents en nylon blanc.)

Non, tout cela n'était rien. Le vrai problème n'était pas là. Le véritable handicap de M. Courteroche se situait beaucoup plus bas que sa bouche : à la hauteur de son nombril, là où s'arrondissait une importante protubérance graisseuse.

M. Courteroche était affligé d'un abdomen hors gabarit pour un alpiniste de sa condition. Un ventre qui lui causait bien des ennuis de toutes sortes, physiques et de ce fait moraux. C'est dur de renoncer à tous les petits bonheurs de la gastronomie française lorsqu'on a les moyens de se les offrir. Mais, encore une fois, tout cela n'eût rien été si notre ami s'était trouvé équipé de longs bras allant au-delà de son abdomen et d'une musculature soigneusement entretenue pour soulever allègrement vers le haut la partie centrale de son organisme. Hélas, il n'en était rien. Là encore la nature ne l'avait pas spécialement gâté. M. Courteroche avait les bras fort courts munis de mains épaisses plantées de doigts boudinés en général sans forces. Lorsqu'il tendait ses bras en avant pour saisir quelque prise sur la roche, ses mains arrivaient, au plus loin, à l'aplomb de son nombril qu'il portait, de par son embonpoint, fort prononcé, je l'ai dit, très en avant.

Vraiment, ce ventre était bien embarrassant. D'abord le poids. Le poids, c'est bien connu, est l'ennemi numéro 1 du grimpeur. Mais aussi et surtout l'encombrement. Un gros ventre dans une fissure étroite est inconcevable. Comment faire passer une chose aussi volumineuse par l'étroitesse d'une cheminée?

Enfin nous, ses trois guides, car M. Courteroche avait trois guides, nous étions là pour ça. Pour pallier ces menus ennuis. Il ne faut pas croire que j'aie une aversion prononcée pour les gros ventres. Chacun a le physique qu'il peut. Le bonheur de certains est peut-être de posséder cette lourdeur qui rend stable par grand vent. Mais si l'on prétend s'envoler dans le sixième degré, vers le haut et non vers le bas, alors...

On est guide, et le client est roi. Enfin, jusqu'à une certaine limite, la montagne et l'alpinisme n'étant pas encore considérés, contrairement à ce que d'aucuns prétendent, comme un produit de consommation. (A savoir qui serait consommé : la montagne? le guide? le client?)

Mais revenons à ce ventre. Il avait, en plus de sa redoutable lourdeur, une fâcheuse tendance à ôter toute possibilité de vue plongeante. Au cours de ses nombreuses ascensions, M. Courteroche ne voyait que le ciel vers lequel il aspirait à s'élever. Les abîmes lui restaient cachés lorsqu'il tentait de regarder, comme il est habituel de le faire, entre ses pieds pour jouir du plaisir des lignes fuyantes, des pierriers ou glaciers lointains. Il se trouvait ainsi privé de subtils plaisirs.

Un autre inconvénient, qui n'était pas des moindres : la longueur de ses jambes, égale à celle de ses bras, ne lui permettait pas, au cours d'une ascension rocheuse difficile, lorsqu'il pouvait de temps à autre s'agripper à quelques aspérités, d'apercevoir ses pieds. Seule une position invraisemblable — jambes à l'équerre, parallèles à ses petits bras tendus, technique d'opposition physiquement pénible et d'une acrobatie insoutenable pour un homme de sa corpulence — aurait pu lui permettre, dans de rares et fugitifs instants, d'entrevoir, lors d'un mouvement plus ample qu'il ne lui était habituel de le faire, l'extrême pointe de ses chaussures.

Il n'est pas nécessaire d'être beau pour être intelligent. Et Charles Courteroche était intelligent. Il était d'autre part érudit. C'était là l'un de ses côtés positifs, particulièrement intéressant. En effet, s'il est agréable pour un alpiniste de grimper en compagnie d'un guide quelque peu évolué, il n'est pas moins agréable pour le guide de conduire un alpiniste qui, par son érudition, lui apporte d'autres connaissances que celle de la montagne où il se trouve toujours un peu enfermé. (Pratiquer ce métier avec des œillères, comme on le voit trop souvent encore, est pure aberration. Il serait triste que la montagne fût la négation de tout ce qui n'est pas elle. Gravir une montagne, c'est monter vers la lumière. Atteindre un sommet, c'est franchir un seuil au-delà duquel s'ouvrent d'autres portes, d'autres seuils, jusqu'à l'infini. Mais, bien sûr, à chacun sa montagne.)

M. Courteroche possédait bien d'autres qualités que son érudition — encore qu'il serait malaisé de ranger parmi elles l'indéniable penchant qu'il avait pour les hommes, les femmes n'étant pour lui que de charmantes créatures avec lesquelles il aimait s'entretenir de chiffons, de cuisine et d'ennuis domestiques, etc. Condition assez étrange pour un alpiniste? Après tout, pourquoi pas? Ce que je veux dire ici, c'est que l'affectivité de M. Courteroche nous amenait par moments à des situations pour le moins drolatiques et, suivant les jours, à pas mal d'exaspération. Le montagnard doit être par définition un homme patient, c'est entendu, mais quand même!

En montagne, M. Courteroche voulait sortir des chemins battus, échapper à l'alpinisme classique de moyenne difficulté que sa condition de modeste grimpeur, mais bon marcheur, l'autorisait à pratiquer dans une position verticale et noble. Tout à coup, ces ascensions classiques étaient devenues, pour lui, insupportablement monotones. Il voulait se lancer, fut-ce au détriment de la noble position dans l'alpinisme dit acrobatique, découvrir l'inconnu, les horizons incertains de l'escalade d'extrême difficulté : le sixième degré!

Il était au chômage depuis trop longtemps. L'ennui lui

rongeait la cervelle. Délaissé par un milieu politique où jadis il avait eu quelques entrées, il se morfondait dans la triste solitude de sa grande demeure sur la colline. Ses fameux camarades de la capitale, autour desquels il gravitait encore assidûment, dépensant ses derniers deniers en réceptions ruineuses qui ne lui étaient jamais rendues, l'avaient oublié. Oh! pauvre M. Courteroche, comme il soupirait en évoquant la belle, la fastueuse époque où, chef de cabinet de M. le Ministre, il régnait splendide dans l'opulence, dans la gloire de ses petits pouvoirs. Oh! oui, il en avait gros sur le cœur, M. Courteroche, de se voir abandonné, rejeté par d'ingrats amis qui ne savaient que suivre les instincts du moment. Cependant, c'était clair comme l'eau des torrents chargée d'alluvions à la fonte des neiges, il vaincrait. Il était temps, avant que tout ne s'effondrât définitivement, de reprendre piolet et marteau, d'aller frapper à grands coups la roche, afin que la pierre meurtrie rugît à tous les échos : « M. Courteroche est là!... Encore là là là!... » En somme, M. Courteroche était atteint d'une « premiérite » aiguë. Il voulait ouvrir des itinéraires nouveaux, graver à jamais son nom sur les durs et vertigineux versants des montagnes. D'une façon ou d'une autre, tête en haut ou tête en bas, dans les positions les plus folles, il passerait! Il caresserait, étreindrait voluptueusement les rochers les plus inaccessibles. D'une façon ou d'une autre il s'élèverait le long des parois les plus surplombantes, il se glisserait en longues reptations, comme un petit cochon d'Inde, dans les plus étroites fentes de la roche. « Toujours là là là là!... », clamerait l'écho.

« Aaaaaaah! »

Le piton a cassé net. En poussant un grand cri, Charles Courteroche s'envole pour un pendule d'une dizaine de mètres. Pendant un court instant, je le vois, homme-oiseau, les bras en croix, longer la paroi dans une courbe gracieuse. Magnifique, il traverse l'air et, casque en avant, s'aplatit dans un grand boum, cette fois sans grâce, sur une dalle de granit, ravageant du même coup un bon mètre carré d'épais et beau lichen heureusement là pour adoucir la roche... et la chute. Malgré le lichen, la collision avec la montagne a été rude.

Inquiet, je me penche au-dessus du vide pour voir ce qu'il reste de mon client. Il pend au bout de sa corde quinze mètres plus bas, vraisemblablement entier. Tout y est : les deux jambes, les deux bras, et le reste du corps. Le casque est bien enfoncé plus bas que les oreilles, plus bas qu'il n'est normal qu'il soit, mais comme il était un peu grand, je pense sur le moment que c'est la raison pour laquelle ses yeux restent cachés lorsqu'il lève la tête vers moi.

— Oh! monsieur Courteroche, pas de dégâts?

Un vague grognement me répond.

— Ça va?

Autres grognements et balbutiements plus prolongés.

De ses deux mains, M. Courteroche s'efforce de retirer son casque. Ouf! il y parvient. A première vue, le crâne semble intact.

— M. Courteroche! Comment vous sentez-vous?

— Bien! bien! bien! dit-il en agitant ses petits bras devant lui, au risque de perdre son casque qu'il tient à bout de bras.

— Il faut remettre votre casque. Vous allez le perdre!

— Bien! bien! bien!

— Vous êtes sûr que tout va bien?

— Bon! bon! bon! dit-il sur le même ton.

— Oh! mais vous n'avez rien pour poser vos pieds!

Très digne, M. Courteroche, sans la moindre inquiétude apparente, à la limite d'un surplomb, au-dessus d'un petit vide de cent cinquante mètres, dans son harnais d'escalade, pend au bout de la corde. Il semble même relativement à son aise. Plus bas à droite, nos deux amis bulgares regardent étonnés, aussi surpris que moi de l'événement qui un court instant a transformé mon client en homme-oiseau. Comment prévoir qu'un piton, d'une marque ancienne et réputée, bien planté dans une bonne fissure, allait casser net à la hauteur de l'anneau?...

Depuis une semaine nous sommes en Bulgarie, dans la vallée de Rila, invités par des alpinistes bulgares rencontrés deux ans plus tôt à Chamonix. J'ai provoqué ce voyage pour faire découvrir à M. Courteroche un massif montagneux différent des Alpes et où l'absence de haute montagne lui permettrait de réaliser quelques premières comme il le souhaitait. Et les alpinistes de Sofia nous ont indiqué cette belle aiguille de granit en forme de pyramide, haute de deux cents mètres, dont la face dominant la vallée de Rila est encore vierge.

Très tôt le matin, nous avons atteint, après une approche de deux heures, le pied de la face triangulaire. La journée promettait d'être chaude, l'escalade assez rapide. Les deux alpinistes bulgares, bons grimpeurs, nous accompagnaient dans cette ascension que je n'aurais pas entreprise seul avec M. Courteroche, les manœuvres de cordes n'étant pas son fort. Surtout il ne faut, en aucun cas, qu'il prenne les cordes entre ses mains, autrement ce serait le désastre. Immanquablement, en quelques minutes, nous nous retrouverions ligotés à la paroi dans un inextricable filet de nylon. Les manœuvres de cordes, le dépitonnage, les réflexes rapides, ce n'est pas son affaire. En revanche, quoi qu'il arrive, il garde dans les pires situations un moral d'airain. Imperturbable, il se laisse conduire sans aucun souci. Il se livre corps et âme à ses guides en qui il a la plus grande confiance. D'ailleurs, se livrer corps et âme à ses guides est un désir tellement cher que très souvent ces derniers se trouvent dans l'obligation de lui faire certaines observations comme celle-ci : « Voyons, monsieur Courteroche, restez à votre place, n'essayez pas de vous approcher! Vous voyez bien que le relais est vraiment exigu. En vous déplaçant, vous risqueriez de mettre la cordée en péril! » Très compréhensif, il sait être d'une patience infinie et attendre dans une parfaite immobilité et dans le plus grand silence. Oh! attendre... attendre...

Donc, tôt le matin, nous sommes arrivés au pied de la petite paroi orientée au sud et, en prévision d'une chaude journée, nous avons laissé, sur le pierrier, veste de duvet et bonnet de laine. Sur ces montagnes culminant à 2 000 mètres, le soleil tape dur. J'ai laissé ma chemise et gardé juste mon pull-over pour absorber la transpiration et me protéger de quelque vent coulis toujours possible. M. Courteroche, craignant les courants d'air, a gardé sa veste. Nos deux amis bulgares sont carrément en bras de chemise.

La caravane se met en route. Je passe en premier. Charles, en deuxième, est contre-assuré par l'un des alpinistes bulgares, lui-même encordé à son compagnon. Nous formons en quelque sorte une cordée de quatre.

A l'aplomb du sommet, cent trente mètres au-dessus du pierrier, un large surplomb nous ôte toute possibilité de montée directe. Plus à gauche, une série de fissures et de ressauts raides, en bon rocher, nous amènent en quatre longueurs de corde à la hauteur du surplomb. Là, des dalles lisses nous contraignent à un pitonnage délicat dans de minces fissures.

Au-dessus du surplomb, l'une de celles-ci en diagonale ascendante raye le granit sur une vingtaine de mètres. Je la remonte en escalade artificielle. Le pitonnage est facile. Les pitons en lames fines pénètrent et se coincent bien en quelques coups de marteau. A l'extrémité de la fissure qui se perd dans le compact du granit, je plante un dernier piton, engage l'une de mes deux cordes et, assuré, retenu depuis le relais par mes compagnons bulgares qui laissent filer doucement la corde, je glisse le long de la dalle. Dix mètres plus bas, je leur demande de bloquer la corde puis, prenant appui sur mes deux jambes, je me balance en pendule pour prendre pied sur une étroite plate-forme située environ cinq mètres à droite de l'axe de descente.

Vient le tour de M. Courteroche. A vrai dire, il ne semble pas très enthousiasmé à l'idée de se balancer au bout de la corde. La manœuvre lui paraît compliquée, surtout exposée. Elle est simple. Deux étriers sont en place; à chaque piton il lui suffit de monter sur le premier étrier, de dégager du mousqueton la corde avec laquelle je l'assure, de passer celle qui le relie au troisième de cordée dans le même mousqueton. Il se trouve ainsi assuré des deux côtés. En répétant la même opération à chaque piton, il arrivera au bout de la fissure sans difficulté notable.

Un long moment se passe avant qu'il n'accomplisse le premier mouvement, c'est-à-dire lever le pied droit de trente centimètres pour l'engager sur le premier étrier, très près du relais et de l'étrier suivant. Pour l'honorable client, rien ne doit être négligé. Un important déploiement de matériel, un surpitonnage intensif, haleur, pousseur, porteur, tout est mis en œuvre pour que M. Courteroche puisse évoluer dans le difficile le plus facilement possible. Enfin, après de nombreuses explications de ma part et démonstrations des amis bulgares, il lève le pied et effectue le premier mouvement. C'est parti, M. Courteroche est engagé dans le passage clé de l'ascension. C'est quand même sa cinquième première. Retirer une corde d'un mousqueton et en passer une autre n'est plus pour lui tout à fait un mystère. Il sait même, en n'en perdant qu'un sur deux, récupérer les mousquetons. En général, je m'organise pour qu'il n'ait pas à le faire. Ces expéditions finissent par coûter un peu cher.

La progression de M. Courteroche se déroule bien. Un peu lentement mais bien. Arrivé au dernier piton, il devra effectuer la même opération que moi. Il se laissera glisser le long de la dalle, retenu à la corde par les deux Bulgares. Une fois à ma hauteur, je le halerai jusqu'au relais.

Tout se passe comme prévu. Le ventre frotte bien un peu au cours de la descente mais ça va. Nous en étions là de notre expédition quand tout à coup, dans un grand cri, M. Courteroche s'est métamorphosé en oiseau, en condor, en mirage, enfin en une chose volante! Le dernier piton venait de casser net. Sans doute était-il un peu distrait, le troisième de cordée, pour ne pas avoir bloqué rapidement la corde et enrayé la chute sur l'avant-dernier piton, la limitant ainsi à deux ou trois mètres.

Enfin nous en sommes là. Héroïque, noble, M. Courteroche pend au bout de sa corde!

Il retrouve assez vite ses esprits et, d'un ton très courtois, demande des explications sur les événements qui l'ont amené dans cette inconfortable position.

Dans ce genre de situations un peu délicates (nous en avons connu de plus cocasses), M. Courteroche ne s'adresse jamais à ses guides en les nommant par leur prénom, mais par des « cher ami » ou « guide ». Le « cher ami » indiquant une forme de légère désapprobation, le « guide » une très forte désapprobation. Alors nous ne disons plus « Charles », mais « monsieur Courteroche ».

— Charles, c'est un piton qui s'est cassé!

— Un piton qui s'est cassé?

— Oui, sous votre poids le piton s'est brisé, dis-je sans trop de conviction.

— Comment! Le piton casse sous mon poids! Mais un piton, c'est fait pour être solide!

— Oui, Charles, un piton c'est fait pour être solide. Mais une paille... un défaut dans l'acier... ça peut arriver!

— Enfin quoi! un piton ne doit pas casser comme ça! si facilement! Il faut garder les morceaux du piton, nous les rapporterons au fabricant!

— Oh! vous savez, le fabricant! Pour ce qu'il en a à faire des morceaux du piton. Ça fait partie des risques.

— Comment ça fait partie des risques! *Guide,* sortez-moi de là.

— Bien, *monsieur* Courteroche.

Un long grondement de tonnerre se répercute sur les versants de la vallée de Rila. Le ciel s'assombrit. Imprévu, un orage déferle sur le massif. Occupé par les fantaisies aériennes de M. Courteroche, je ne l'ai pas vu arriver. En quelques minutes ça cogne de partout. D'abord une grêle cinglante, puis la pluie, diluvienne. Je hisse mon client jusqu'au relais. Nos deux amis bulgares nous rejoignent d'eux-mêmes. Le dernier descend en rappel et, tiré par son compagnon, pendule jusqu'au relais devenu pour nous quatre très étroit.

M. Courteroche, entouré, serré de près par ses trois guides en raison de l'exiguïté du relais, se sent tout à coup merveilleusement à son aise au milieu du cataclysme céleste. Son visage ruisselant de pluie s'éclaire d'un large sourire et, ravi, il s'exclame :

— Doux Jésus, quel orage!

Nous sommes trempés jusqu'à la peau. Mon pull-over imbibé s'alourdit considérablement. Il faudrait le tordre, mais pour ça retirer casque et baudrier et, de toute façon, l'averse se prolonge.

— Vous n'avez pas trop froid, monsieur Courteroche?

— Non! Non! Si vous restez comme ça près de moi, je n'ai pas froid.

— Vous voyez cette cavité vingt mètres plus haut! Nous allons y monter. Nous y serons à l'abri.

— Ah! bien, bien. Alors, *guides,* faites votre devoir.

— Et comment, monsieur Courteroche! Nous n'allons pas passer la nuit ici.

Entre-temps, le lichen a pris des proportions inquiétantes. Gorgé d'eau, il s'est gonflé, transformé en un épais tapis gluant, translucide en surface.

Une fissure large d'une dizaine de centimètres rejoint la cavité. Par coincement des mains et des pieds, je la remonte sans trop de difficulté. La cavité est formée par un élargissement de la fissure qui, en s'évasant, se transforme en une sorte de grotte profonde de trois mètres. Le sol, que j'espérais plat, est déversé vers le vide. Le haut se ferme en une petite voûte fendue en son milieu par une mince fissure. L'emplacement n'est guère confortable. Nous n'y resterons pas longtemps. Le sommet est à une longueur de corde, quarante mètres. Je plante deux solides pitons au fond de la cavité et mes compagnons me rejoignent.

En montant, M. Courteroche grogne désagréablement, se plaint d'une corde pas assez tendue. L'escalade par coincement des pieds et des mains, ce n'est pas non plus son fort. Mais il faut bien quand même lui laisser faire quelques pas tout seul.

Poussé par de fortes bourrasques, l'orage s'éloigne. Le ciel est de nouveau clair. Le soleil descend derrière les crêtes, l'ombre coule sur les versants, s'étale dans la vallée de Rila. Les heures ont passé, rapides. La rupture du piton, la pluie diluvienne nous ont fait perdre plusieurs heures. La nuit n'est plus très loin. Le sommet est à notre portée. Sans perdre de temps à donner des explications à M. Courteroche qui aimerait pourtant en savoir davantage, le plafond de la voûte l'inquiétant quelque peu, je repars. Par opposition en ramonage je m'élève de quatre mètres dans le fond de la cavité et, à l'aide de trois pitons, en surmonte le plafond. Juste à la sortie de la voûte, au début d'une grande dalle, un arbrisseau, un genévrier gros comme le bras, sort d'un trou et pointe vers le ciel. Autour du genévrier je passe une sangle en nylon et m'y attache solidement dans une position assez confortable, les deux pieds en appui sur la dalle.

Le sommet est à peine à trente-cinq mètres. Je le vois bien découpé dans les dernières lueurs du crépuscule. Seulement voilà, ces trente mètres se présentent sous l'aspect d'une magnifique dalle, une dalle sans défaut apparent. Pas une fissure. Pas une fine craquelure. Juste quelques aspérités noyées dans le lichen visqueux. Il faudra plusieurs heures pour que celui-ci sèche. Monter en escalade libre sur cette dalle diablement raide et recouverte de lichen gluant, très peu pour moi. Redescendre, refaire le passage clé dans l'autre sens, trop tard pour aujourd'hui. Le plus simple est de sortir au sommet, au grand jour et en rocher sec. Nous sommes bons pour le bivouac. J'en fais part à mes compagnons.

— Oh! les gars! vous avez vos lampes frontales?

— Oui, dans les sacs.

— Bien, vous pouvez les sortir.

— Dans les sacs sur le pierrier.

— Vous ne pouviez pas les garder avec vous? On ne doit jamais oublier sa lampe!

— Et la tienne, tu l'as? me répond-on.

— Bon, n'en parlons plus. Vous êtes bien là-dessous?

— Pas trop mal, à condition de ne pas y rester trop longtemps.

— C'est-à-dire que... enfin il faut vous installer le plus confortablement possible.

— Pourquoi? Ça va être long pour sortir?

— Eh bien... c'est mouillé... et il fait presque nuit.

— Nous allons coucher là? demande M. Courteroche.

— Oh! coucher, c'est beaucoup dire... Nous allons attendre un peu.

— Attendre quoi?

— Le jour.

— Nous allons bivouaquer là, à trente-cinq mètres du sommet?

— Et oui! à une longueur du sommet! Mais voyez-vous, monsieur Courteroche, je n'ai pas envie de rééditer votre exploit. D'autant plus qu'avec la nuit je ne jouirais pas du spectacle, du bonheur de vous survoler.

— Cher ami, permettez-moi de vous rappeler que c'est la rupture d'un piton qui provoqua ma chute...

— Bon! bon! bon! restons-en là, monsieur Courteroche. Installez-vous au mieux. La nuit sera certainement longue.

Enfin mes compagnons ne le prennent pas trop mal et

s'ingénient à trouver une position supportable pour affronter les heures froides. Ils en changeront souvent au cours de la nuit.

Une bise glacée balaie les versants de la montagne. Ma position, confortable au départ, devient vite pénible. Rester suspendu à un genévrier le temps d'un relais, ça va. Y passer une nuit, c'est autre chose. Je me propose de rejoindre mes compagnons et quitte le genévrier jusqu'au piton d'en dessous. Mais, dès qu'apparaissent mes pieds, des cris indignés montent de la cavité : « Plus de place! C'est complet! » Il est vrai qu'à eux trois ils occupent tout l'emplacement. Je les vois coincés dans le fond étroit de la cavité. Leur position semble encore plus inconfortable que sur le genévrier. Leur seul avantage est d'être un peu protégés de la bise. Je remonte donc à mon genévrier et m'installe pour la nuit. Les préparatifs sont vite terminés : un mousqueton, un nœud de cabestan, les deux pieds en appui et voilà. Il n'y a plus qu'à attendre le jour. On essaie bien, pour grignoter la longue nuit, de raconter des histoires, de se lancer des plaisanteries de circonstance. Ça tourne vite court.

Le froid me vrille les reins, la bise me glace le cou. Quelle idée de ne pas avoir gardé au moins ma chemise sous le pull. Et ma veste de duvet qui est là-bas, sur le pierrier... Je me jure qu'on ne m'y reprendra plus. Avec deux mousquetons j'accroche le col du pull-over de chaque côté du casque. Ça le remonte un peu. Pendant quelques minutes j'ai moins froid au cou. Un petit sentiment de confort. Mais le pull, trop remonté, découvre mes reins. Je tire sur mon pull et le rentre dans mon pantalon. Allons bon! il se décroche du casque. Je recommence l'opération avec plus de précautions. Ça fait passer le temps.

Plus bas, dans la cavité, le silence complet. Personne ne

souffle mot. Pas le moindre ronflement annonçant que l'un des trois a enfin sombré dans un bon et profond sommeil.

Je me réveille glacé, les jambes ankylosées par les sangles du harnais. J'agite les bras, me frappe les côtes pour me réchauffer. Je crois avoir dormi longtemps. Je regarde ma montre. Les petites aiguilles phosphorescentes semblent figées pour l'éternité; 21 heures. Seulement 21 heures. J'espérais 4 heures du matin. En dessous ça remue un peu. Les trois amis changent de position. Un moment comme ça, un moment autrement et on recommence. Des grognements confus et de nouveau le silence. Je replonge dans mes méditations nocturnes.

Ah! cette fois, ça y est. Le jour se lève. Je suis aussi réfrigéré que si j'avais passé la nuit dans un congélateur, et mes genoux restés trop longtemps en appui sur la dalle sont raides.

Au loin, l'horizon se découpe sur une longue frange argentée. Enfin on va sortir de là!

— Oh! en bas! réveillez-vous, le jour se lève!

Des grognements suivis d'une vague agitation, des battements de bras...

— Où ça, le jour?

— Eh bien, là-bas! C'est bien les premières lueurs du jour.

— Tu crois que c'est le jour? me répond un des Bulgares.

Derrière les arêtes déchiquetées apparaît un fragment de disque brillant. Une lumière blanche, froide, une grosse belle lune monte tout droit dans la nuit.

Je consulte de nouveau ma montre : 1 heure du matin.

— Oh! les gars. Excusez-moi de vous avoir réveillés. Bonne nuit.

Cette fois, la nuit devient réellement longue. Et je n'ai

vraiment plus sommeil. Au fond de la vallée, les lumières du monastère de Rila brillent. Malgré tout je me rendors...

Les appels de mes compagnons m'ont réveillé. Il fait grand jour.

— Hello! René, on y va?

En me voyant suspendu à mon genévrier en plein soleil, ils se sentent pressés de fuir l'ombre froide de la cavité.

— Ouais! on y va dans dix minutes. Faites comme moi, réchauffez-vous.

Pour retrouver un peu de souplesse dans les articulations, je fais des flexions en me repoussant des jambes, les pieds à plat sur les dalles. De grands moulinets des bras me réchauffent le haut du corps. Le genévrier s'agite et branle bizarrement, mais il tient bon.

Les premiers mouvements d'escalade sur les petites aspérités de la dalle à présent sèche ne sont pas des plus détendus. La longueur est très difficile et exposée. Hier soir, avec le lichen détrempé, j'aurais passé un sale moment. On a bien fait de bivouaquer. Et puis, avec la bonne chaleur du soleil, les fraîcheurs de la nuit sont déjà oubliées.

Triomphant et splendide, M. Courteroche se dresse sur le sommet. Il a posé son casque. Ses rares cheveux s'agitent doucement sous la bise du matin. Il grimace un large sourire qu'il imagine transparent et divin. Il fait un tour d'horizon.

— Ah! mes amis! s'exclame-t-il, quelle équipée!

Puis il s'assied sur un bloc de granit oublié, débris de l'immense fleuve minéral de l'impitoyable, l'inéluctable érosion du temps. Il reste un long moment immobile, silencieux.

De ses yeux d'un bleu délavé, brillant ce matin-là d'une façon inaccoutumée, il contemple l'espace. Sa rondeur abdominale bombée vers l'est, il *écoute* le soleil monter dans l'espace. L'air dilaté bruisse à ses oreilles. De ses deux mains il se maintient sur son siège granitique comme dans la crainte ou le fol espoir d'être tout à coup, désastre ou prodige, dans l'élan rotatif de la planète, projeté vers le soleil. Délivré de tous ses phantasmes, de tous ses projets politiques, il flotte dans la lumière originelle. Il se sent léger. Prodigieusement alpin. Il a fallu une journée entière de durs efforts, de peur cachée, il a fallu le feu du ciel, la grêle cinglante, la pluie et la nuit glacée pour que vienne l'instant merveilleux, le sublime moment où, libéré de la pesanteur, il puisse, métamorphosé en divinité céleste, contempler l'astre de lumière : son frère le dieu Soleil.

— Charles! il faut descendre!

Charles ne répond pas. De ses yeux exorbités où se reflètent des lumières dorées, il scrute l'horizon, comme s'il voulait s'y engloutir.

— Monsieur Courteroche! A moins que vous ne souhaitiez passer une deuxième nuit dans cet accoutrement sur ce sommet de la chaîne des Balkans, il serait bon d'envisager un prompt retour vers la vallée. Et vos guides sont affamés.

Enfin il daigne tourner la tête vers nous.

— Bien! bien! bien! dit-il en agitant, comme de coutume, ses petits bras.

La descente par l'autre versant de l'aiguille est rapide. Nous retrouvons nos sacs et les vestes de duvet maintenant inutiles. Au fond de la vallée, sur les dernières pentes où coulent de petits ruisseaux, d'autres amis bulgares viennent à notre rencontre, félicitant M. Courteroche de sa « grande première ». Très à son aise, il commente son ascension, à mots mesurés, soucieux d'une certaine précision. Nous allons faire une note technique, dit-il. Allons bon! Moi qui ai une sainte horreur de rédiger des notes techniques.

Nous traversons un pré marécageux. Plongé dans ses descriptions, M. Courteroche ne voit pas une plaque de boue noire. Il glisse sur les talons, tombe assis au beau milieu de la flaque. Stupéfait de ce qui lui arrive, il nous regarde, muet.

— Vous vous êtes fait mal, Charles?

— Non, non, je ne me suis pas fait mal.

— Attendez, je vais vous aider à vous relever.

— Non! dit-il dignement. Je peux me relever seul.

— Bien, monsieur Courteroche.

Pour prendre appui sur ses mains, il se retourne sur le côté et se roule un peu plus dans la boue noire. Enfin à genoux, il se redresse. Son beau pantalon mastic fait sur mesure par son tailleur de Paris, dans un tissu anglais de première qualité, est enduit d'une matière noirâtre et gluante. Mortifié, il nous regarde dans le plus sombre silence. La situation est tellement comique que nous ne pouvons retenir nos rires. Comment faire autrement? Furibond, il éclate :

— Enfin, *guide!* c'est de votre faute!

— Comment, c'est de ma faute?

— Oui, c'est de votre faute! Je vous ai engagé pour me guider! Je n'aurais jamais dû tomber là, dans cette boue infâme!

— Voyons, *monsieur* Courteroche, croyez-vous qu'il eût été digne pour votre noble personne que je vous encorde, là, sur ce terrain certes glissant et traître, mais si peu alpin?

— Bon, bon, bon! Mais enfin, dites-moi où je dois passer.

— Charles, suivez votre guide pas à pas... Et surtout plantez bien les talons à chaque pas.

Malicieux, mes deux amis bulgares le prennent par la main chacun d'un côté et, ainsi maintenu par deux solides et beaux garçons, M. Courteroche, heureux et satisfait, repart d'un bon pas.

Nous passons la fin de la journée au monastère de Rila. Prestigieux sanctuaire d'une religion autrefois puissante, le monastère est aujourd'hui transformé partie en musée, partie en hôtel. Les quelques chambres réservées à la clientèle de passage ont gardé l'aspect ascétique qu'elles avaient quand les moines qui bâtirent l'édifice y vivaient dans la méditation. Les merveilles que nous y découvrons, le calme, la paix que nous ressentons entre les hauts murs de pierre, nous incitent à y passer la nuit. Les peintures, les icônes précieuses, les sculptures de marbre, d'or et d'argent ciselés, travaux d'une patience infinie, de toute une vie, de plusieurs vies, trait d'union entre le passé et le présent, nous impressionnent. Comment ont vécu, comment sont morts ces êtres merveilleux qui ont su de leurs mains, avec leur cœur, créer ces instants d'émotion perpétuellement renouvelés? Ici au moins, l'œuvre artistique a été respectée.

Dans la demi-obscurité du soir, je marche à pas silencieux sur les dalles de mosaïque, autre splendeur de la cour centrale. Je marche à pas lents, solitaire, tout mon être à l'écoute du passé. Un signe peut-être... Les pierres froides des hauts murs restent muettes. Dans la profondeur de la vallée aux versants boisés, où flottent le soir des nappes de brouillard, le monastère garde, encore aujourd'hui, sa puissance évocatrice de foi, de passion, comme si les forces irradiées des montagnes convergeaient vers le centre de la cour aux dallages polis. Combien de pas, combien de genoux ont poli ces dallages?

Le lendemain, nous rejoignons sur l'autre versant du

massif le centre de montagne des alpinistes bulgares. Soirée d'amitié où nous rencontrons de nombreux grimpeurs d'ici et d'Allemagne de l'Est.

Pour nous faire plaisir, nos amis nous chantent « La Madelon ». Ils en connaissent mieux les couplets et les paroles que nous-mêmes. Deux jours plus tard, à Sofia, je présente le film sur la conquête du Jannu, sommet de l'Himalaya du Népal.

J'ai gardé des alpinistes bulgares le souvenir d'une grande amitié. De garçons et de filles merveilleux. Animés d'une passion profonde pour la montagne — autrement dit : d'un profond désir de liberté.

De gauche à droite :
John Harling, André Bertrand
et René Desmaison.

L'hôtel de la Petite Scheidegg.

La face nord de l'Eiger
(photo Sérailler-Rapho)

Simone Desmaison
à la longue vue de Von Allmen

Retour de l'Eiger.

Eiger au mois
de juin
au pied de la
première falaise.

Eiger.
Janine dans
la traversée
Hinterstoisse

Eiger.
Janine dans
« la Traversée des dieux ».

Eiger. Deuxième névé.

Eiger. Troisième névé.

Retour du Linceul.

Escalade
au Dévoluy.

Charles Courteroche et les surplombs.

Escalade au Caroux…

et à Saint-Jeannet.

Simone Desmaison…

à l'aiguille du Moine avec son guide.

Au Japon, René Desmaison enseigne sa technique de l'alpinisme.

La montagne, c'est aussi le bonheur d'exister.

Dans un refuge japonais, préparation d'une ascension.

A Tokyo, René Desmaison présente le matériel d'alpinisme français.

5

Calcaires d'automne

Je n'en avais pas fini avec M. Courteroche. Le pendule au bout de la corde, l'orage, la pluie glaciale et le bivouac bulgare ne l'avaient en rien traumatisé. Au contraire, toutes ces émotions et souffrances nocturnes l'avaient stimulé dans son désir de conquête. Dès notre retour en France il envisagea une nouvelle campagne pour l'automne sur les calcaires du Dévoluy que je connaissais particulièrement bien. Il serait libre dès le 20 octobre. A moi de lui trouver une première digne de son pedigree. Les premières se font rares dans les massifs montagneux français. Mais en cherchant bien... Enfin il savait que j'en avais toujours quelques-unes en réserve. Nous nous mîmes d'accord sur les conditions financières. Comme pour les courses précédentes, nous choisîmes l'engagement à la journée, soit cent cinquante francs pour le guide (tarif en vigueur à ce moment-là) et cent francs pour l'aspirant guide. Les frais de déplacement restant à la charge du client. La fortune!

Je demandai à M. Courteroche d'engager Jean-Marc Bois, jeune et brillant aspirant guide. Nous habitions alors tous deux Fontainebleau. Jean-Marc était un garçon solide, compétent, extrêmement sérieux dans tout ce qu'il entreprenait. Quelques années plus tard, devenu guide, il allait disparaître avec sa cliente sur l'arête de Mittelegi à l'Eiger. On ne devait jamais les retrouver.

La saison d'été passe et, dès les premiers jours d'octobre, M. Courteroche me confirme le rendez-vous du 20 octobre à 12 heures à son hôtel habituel à Lyon.

Le jour dit, à 12 heures précises, nous le demandons à la réception de l'hôtel. Il arrive dans une forme resplendissante, bronzé à souhait, dans son costume de serge marine à fines rayures blanches, chemise blanche, cravate bleu marine et... sa petite rosette à la boutonnière... Vraiment très digne, M. Courteroche.

— Ah, mes amis, dit-il en brandissant ses petits bras, quel plaisir de vous voir! Avez-vous bien voyagé? Les routes sont si encombrées.

— Mais oui, nous avons eu une route excellente. Et vous, cette traversée en train, pas trop éprouvante?

— Ne m'en parlez pas! Même dans les wagons-lits on a les plus grandes difficultés à se faire servir un whisky de qualité. Quant à la glace... Bon, bon, bon! Allons déjeuner, mes amis!

M. Courteroche nous dit avoir retenu, depuis un mois, une table dans un des plus grands restaurants de la région lyonnaise. Ce n'est pas pour nous déplaire. Nous sommes partis tôt ce matin de Fontainebleau et nous nous sentons la dent agressive.

Le repas est raffiné et maritime : huîtres, homard flambé, loup grillé au fenouil, etc. Le tout arrosé d'un grand champagne, millésimé comme il se doit. A quatre heures, nous sortons de table en chaloupant légèrement. Le côté océanique du repas. Ouf! ressaisissons-nous.

— Charles! il faudrait envisager sérieusement de nous rapprocher de nos montagnes! Qu'en pensez-vous?

— Bien, bien. Allons chercher mes bagages à l'hôtel. Nous prenons un whisky et nous partons.

— Non! pas de whisky! Nous partons au plus vite.

Nous l'attendons devant l'hôtel. Au bout d'un long moment il revient avec valise et sac à dos. En cours de route je m'informe de ses intentions quant à la soirée. Il ne me répond pas. M. Courteroche s'est endormi dans les vapeurs de son whisky qu'il a, c'est évident, bu au bar de l'hôtel.

Nous approchons de Grenoble lorsqu'il se réveille.

— Où sommes-nous?

— A vingt kilomètres de Grenoble. Je connais une petite auberge dans le Dévoluy où nous pourrons coucher sans avoir à prendre de repas.

— Mon ami, me répond-il, les gens de notre qualité ne se couchent pas sans prendre leur repas du soir.

— Bien sûr, on pourra toujours vous servir une omelette et une salade.

— Sachez, mon ami, que je ne voyage jamais sans avoir auparavant organisé mes déplacements. Notre table et nos chambres sont retenues ce soir dans une auberge près de Grenoble.

C'était à prévoir : encore une auberge, un restaurant gastronomique. Comment fait-il pour résister à un tel régime?

— Vous savez, Charles! Le repas de midi nous suffit pour deux jours.

De ses yeux bleus délavés, injectés de sang, il regarde droit devant lui à travers le pare-brise. Son visage se fend dans un large sourire, rictus souligné de son clavier en nylon blanc.

— Nous verrons, nous verrons! dit-il.

Jean-Marc est hilare. Il a vingt ans et ce n'est pas un deuxième repas gastronomique qui lui fera prendre du poids. Quant à moi, toujours armé d'une solide santé et d'un non moins bon appétit, je crains ces repas qui me profitent toujours au maximum. Dans ces cas-là, j'en saute volontiers un. Ce soir, pris entre M. Courteroche et Jean-Marc, comment faire? Demain, tout changera. Finis chambres et repas somptueux.

Le lendemain, en début d'après-midi, nous arrivons à la maison forestière des Sauvas, sur le versant Montmaur du pic de Bure. La montagne d'Aurouze. Mon grand ami Gaston Alleaume, le garde forestier, et sa merveilleuse épouse nous reçoivent à bras ouverts. Je les retrouve toujours avec le plus grand bonheur. Ils vivent là, sans aucune lassitude, depuis trente ans. Dans cette belle forêt, sur les versants de la montagne d'Aurouze dont ils sont les seigneurs extraordinaires. Ils s'aiment l'un et l'autre profondément, sincèrement, dans le plus grand respect de chacun. Les avoir connus dans leur maison forestière des Sauvas est un privilège. Après, on ne peut pas les oublier.

Je leur présente M. Courteroche. Ils le regardent un moment, étonnés, l'imaginant sans doute aux prises avec les roches fragiles de la montagne d'Aurouze.

Gaston Alleaume nous convie à prendre un café. Mme Alleaume au repas du soir. Je m'insurge. Pas de repas ce soir. Mme Alleaume insiste. Venir chez elle et refuser son invitation!

— Bien, madame Alleaume. Alors un repas de la plus grande frugalité.

— Justement, répond-elle, j'ai préparé des escargots aux amandes. Vous allez voir comme ils sont bons.

Nous allons rester plusieurs jours aux Sauvas. Nous avons installé nos quartiers dans la grange aménagée en refuge.

Sur le massif du Mont-Blanc et de l'Oisans s'accroche le mauvais temps, et les falaises calcaires les plus proches de ces massifs, même en basse altitude, ne sont plus en conditions suffisamment bonnes pour que M. Courteroche puisse, avec succès, envisager de les gravir.

En ce milieu d'automne, les matinées et les soirées seront fraîches sur les versants de la montagne d'Aurouze. Beaucoup plus fraîches que sur les rivages méditerranéens où se dressent les splendides falaises des Calanques. Mais j'ai toujours été plus sensible au souffle du vent dans les forêts d'alpage qu'au bruissement des vagues au pied des falaises calcaires, aussi belles soient-elles. A l'automne, les lumières de la montagne sont si pures. Voilà pourquoi j'ai choisi cette région. Que les Calanquais me pardonnent!

Il ne fait pas encore jour quand, d'un bon pas, nous remontons le sentier sur les pentes de la combe de Maye. Vers le milieu de la combe, nous quittons le sentier et gravissons à travers pente les trois cents mètres de dénivelé nous séparant de la dent d'Aurouze, petite tour de calcaire haute de cent cinquante mètres, encore jamais gravie par ce versant. Une première pour M. Courteroche!

Ça souffle dur dans la montée. Les calories en surcharge fuient par tous les pores de la peau.

— Monsieur Courteroche!

Il transpire comme dans un bain turc. Il s'arrête, s'éponge le front avec un magnifique mouchoir de soie.

— Monsieur Courteroche... Elle est rude la montée, hein? Et ce n'est pas fini. Hier, je vous l'ai dit, vous abusez trop des spiritueux.

— Cher ami, dans la Bible il est écrit que tous les chemins qui montent aux cieux sont rudes.

— Eh bien, je vous garantis trois kilos en moins. Aujourd'hui, c'est jour de diète, nous ne mangeons pas. Et ce soir, après cette belle journée, vous en aurez tellement plein les jambes que vous vous coucherez sans dîner. Vous y gagnerez un kilo de mieux.

— Si vous croyez me déranger, détrompez-vous, mon ami, vous n'y arriverez pas.

— Non, je voulais seulement éprouver votre moral.

— Tartuffe, dit-il, vous avez tenu à vous charger personnellement des vivres de la journée. Je vous ai vu, ce matin, mettre dans votre sac, fort heureusement, le poulet rôti et la bouteille de bon vin achetés hier en prévision de la journée. Nous ne ferons pas diète. Ah, ah!

— Oui, oui, nous verrons ça au sommet.

M. Courteroche se trompe de sac. Dans mon sac il n'y a qu'une gourde remplie, avant le jour, d'une délicieuse eau de montagne aux sources de la combe de Maye.

Plus haut, une bonne couche de givre recouvre les pierres et l'herbe rabougrie. Le terrain devient glissant. Charles titube, dérape et se rattrape. Cent mètres avant la tour, je l'encorde. Le terrain n'est pas dangereux mais ça le rassure. Je n'ai pas oublié les prés marécageux de Rila.

Les premiers rayons du soleil irisent le profil de la tour d'une lumière dorée. Les brouillards d'automne se sont transformés sur la roche en aigrettes de cristal. Elles scintillent, éphémères, aux premières lumières. Nous atteignons le pied de la tour.

— Nous voici au pied du mur, Charles.

— Bien, bien, par où passons-nous?

— Là, dans l'ombre de la tour, par ces gradins faciles.

— Ils me semblent bien glissants, ces gradins. Ils sont recouverts de givre. Ne pensez-vous pas que nous devrions attendre que le soleil dégèle la roche?

— Le rocher est brisé, nous pourrons grimper malgré le givre. Ne perdons pas de temps.

M. Courteroche vérifie sa tenue, remonte son col, enfile ses gants de laine.

Les cinquante premiers mètres nous conduisent sans difficulté au pied d'un mur de cinq mètres de haut. Le calcaire est lisse et glissant. Charles, malgré ses gants, se sent tenaillé par une onglée. Jean-Marc lui frictionne les doigts.

— Mon ami, je vous ai dit qu'il ferait froid, dit M. Courteroche, les larmes aux yeux.

— Mais non, mais non, ce n'est rien. Une première onglée et ça passe. Dans un moment vous aurez trop chaud!

— Ah, gémit-il en se pliant en deux. Ouvrez la bouteille de vin que nous puissions nous désaltérer.

— Vous n'y pensez pas, monsieur Courteroche, par cette fraîcheur matinale! Vous voulez périr avant le sommet?

Jean-Marc le réconforte de son mieux. De violet qu'il était devenu, il vire au rouge foncé, puis reprend sa couleur normale. Ça va mieux, nous pouvons continuer notre progression.

Avec deux pitons nous surmontons le mur. Le deuxième piton, très court, est enfoncé d'un centimètre. Je recommande à M. Courteroche de se faire très léger. Et pour une fois, chose extraordinaire, il y parvient. Le piton tient bon. Il devait être vraiment bien planté.

Au mur succède une large fissure. La roche est fendue jusqu'au sommet. Alors, tout à coup, M. Courteroche se dépasse. Oui, il se surpasse. Il devient soudain vertueux, doué, splendide. Ses pieds raclant à gauche, raclant à droite, glissent et se raccrochent sur le calcaire. Oui, il monte seul. Je n'ai plus à tirer sur la corde. La fissure, déjà large, se transforme en cheminée, puis en couloir. Puissant, casque enfoncé jusqu'aux oreilles pour avoir trop cogné de la tête, il s'y précipite tel un « bulldozer ». Il avale dans la foulée les derniers mètres, bondit sur le large sommet de la tour où, à grandes brassées, je plie la corde.

— Bien. Bravo, me dit-il, nous avons remporté là encore une belle victoire. Donnons-nous l'accolade.

Il se précipite sur moi bras ouverts au risque de me jeter à terre.

— Oh là! monsieur Courteroche, du calme! Nous ne sommes pas encore tirés d'affaire.

— Mais, mon ami, nous sommes au sommet!

— Justement, il faut redescendre à présent. Regardez la brume qui vient du sommet du pic de Bure. Nous serons bientôt perdus dans un brouillard à couper au couteau. Il faut trouver la bonne combe pour descendre avant que le brouillard ne nous atteigne.

— Bon, bon! dit-il, nous allons quand même nous désaltérer.

— Oh, vous savez, je n'ai pas très soif...

— Enfin quoi! vous ne voulez pas sortir cette bouteille!

— C'est-à-dire que... Ce n'est pas moi qui l'ai... C'est Jean-Marc.

Jean-Marc, les anneaux de corde à la main, sort sur le sommet.

— Cher Jean-Marc, dit M. Courteroche, faites-moi un immense plaisir. Ouvrez la bouteille que vous portez dans votre sac.

— Quelle bouteille? dit Jean-Marc étonné.

— Enfin, crie M. Courteroche, où est cette bouteille de château-margaux?

— Ah! vous voulez dire la bouteille de vin que vous aviez achetée hier dans cette épicerie fine... Mais elle est en bas, au refuge.

— *Guide,* vous vous moquez de moi! Je vous ai vu ce matin la mettre dans votre sac, avec le poulet.

— Oui, je l'ai bien mise dans un sac, mais pas dans celui-ci. Je l'ai rangée précieusement dans un autre sac, pour ce soir.

— Alors, répond-il courroucé, nous n'avons rien à boire, aucun aliment pour nous réconforter?

— Si, j'ai à boire.

J'ouvre mon sac, sors la gourde d'eau et la lui tends.

— De l'eau! Vous voulez me faire mourir sur ce sommet?

— Allons, allons, monsieur Courteroche, boire de l'eau n'a jamais fait mourir personne.

— Mais si, *mon ami.* Chaque année, des milliers de gens périssent noyés.

— Demain, vous serez dans une forme transcendante si vous buvez de l'eau.

— *Mon ami,* je préfère ne rien boire. Puisqu'il en est ainsi, descendons.

Poursuivis par les premières nappes de brouillard, nous plongeons dans les éboulis de la combe de Maye. A l'idée de retrouver au refuge ce qui lui manquait au sommet, M. Courteroche se sent léger. Il file dans la pente au risque de se rompre le cou. Si jamais il tombe, il roule jusqu'en bas de la combe, c'est sûr.

— Doucement, doucement, monsieur Courteroche.

— *Mon ami,* ne vous inquiétez pas pour moi. Allez votre chemin.

Pas content, M. Courteroche. Ça lui passera.

Le soir même, après avoir trouvé de quoi satisfaire sa soif, il retrouve toute sa bonne humeur.

Mme Alleaume nous a encore préparé un confortable repas. Au cours de celui-ci, M. Courteroche sort son petit carnet où il note ses appréciations de la journée. Il a l'intention de faire un article pour *La Revue des deux mondes.*

— Voyons, me dit-il, combien cotez-vous le passage du mur?

— En quatrième degré, monsieur.

— En quatrième degré?... bon, bon. Et la cheminée de sortie?

— Où vous fûtes si rapide!... Sans cotation, monsieur.

— Comment sans cotation?

— En deuxième degré, monsieur Courteroche.

— Bien, bien, bien.

La journée du lendemain, consacrée au repos de M. Courteroche, est magnifique. Promenade dans la forêt, cueillette de champignons pour la marmite de Mme Alleaume. Une belle journée champêtre. M. Courteroche jubile de bonheur. Il se sent olympien. Dans deux jours il va entreprendre l'ascension de sa vie. Sa grande première. Il va ouvrir une voie de cinq cents mètres sur la muraille de la crête du Berger.

⁂

Lourdement chargés de cordes, de vivres, de deux bouteilles de château-margaux et de fagots de bois pour le bivouac du soir, nous gravissons les pentes ombragées de la forêt où se glissent de longs traits de lumière. Les brouillards du matin se sont sublimés dans les premiers rayons du soleil.

En pleine forme, Charles Courteroche monte allègrement. Dans son petit sac, sa veste de duvet bien dépliée pour donner une impression de volume, un flacon d'eau de toilette, des mouchoirs en papier, sa brosse à cheveux et divers objets pour l'entretien de sa haute personne... Plus une bouteille plate du meilleur whisky qu'il garde en permanence dans sa valise, en cas de manque. Cette fois, il s'est chargé lui-même des provisions. Jean-Marc, l'aspirant guide, le porteur, plie sous un gros sac. Normalement le guide devrait lui aussi pouvoir gambader, monter allègrement d'un pas souple et léger, comme on dit dans ces cas-là. Eh bien non, le guide porte aussi un gros sac. Ah! elle est loin la belle époque où le client pouvait engager trois à quatre porteurs, délestant ainsi les précieuses épaules du guide dont la mission essentielle était de gravir, d'ouvrir, de tracer la route vers le sommet avec dans son sac ses gants et ses lunettes, sa gourde à la rigueur. Oublions, c'est le passé. Une époque fastueuse définitivement révolue... et que je n'ai jamais connue. Aujourd'hui le guide porte, un point c'est tout.

A la forêt succèdent les habituels longs glacis. Nous les remontons en changeant souvent de direction, à la recherche des pentes les plus stables. A mesure que nous prenons de l'altitude, les pierriers derrière nous s'étirent en longues lignes fuyantes, jusqu'au fond du vallon où coule une rivière et serpente la route qui de Montmaur, après avoir franchi le col du Festre, pénètre dans l'écrin du Dévoluy. Par endroits, entre les pierres stabilisées, immobilisées par les roches sous-jacentes, pousse une herbe tenace formant de larges taches d'un vert tendre qui donnent une impression de relief, point de repère de distances autrement difficiles à déterminer.

Vers le milieu du jour, nous butons contre les premiers ressauts. Là où s'achèvent les pierriers commence la crête du Berger. Taraudée par les tourmentes, les gels, le soleil, creusée de larges cheminées, elle s'étire, haute de cent cinquante à cinq cents mètres, sur plus d'un kilomètre. La muraille ruiniforme, comme surgissant des éboulis désertiques qui en sont les effondrements, profondes morsures de l'érosion, tend vers l'espace ses créneaux, ses pinacles tourmentés. Arc-boutant de l'énorme masse du plateau calcaire, elle semble défier le temps, les nuages, les vents qui viennent s'y déchirer.

Nous longeons la paroi. Des côtes rocheuses coupées de ravins escarpés nous obligent à de nombreux détours.

Bientôt nous sommes à l'aplomb du sommet. Nous passons au pied de l'itinéraire ouvert par Jean Couzy et Jean Puiseux au mois de novembre 1958. Quatre cents mètres plus haut, Jean Couzy fut tué par une chute de pierres. Depuis, j'ai gravi ce même itinéraire avec Edouard Martin pour essayer de comprendre la mort de mon compagnon, mon ami d'autrefois. Au début de la matinée, après quelques longueurs, nous fûmes accueillis par des rafales de pierres libérées du verglas aux premières chaleurs du soleil.

Dans la douce euphorie du soir, M. Courteroche, hédoniste, nous montre son contentement. Douillettement installé dans sa veste de duvet et son sac de couchage, le dos appuyé à la paroi rocheuse, face au feu de bois, il tient dans sa main un flacon de whisky. Il sourit béatement, les dents serrées sur le bout de liège d'une Craven dont il avale la fumée pour la rejeter, par intermittence, par les narines. Il marmonne ses habituelles litanies, que nous connaissons bien pour les avoir souvent entendues. Et ça commence par : « Lorsque j'étais en mission au Sahara... » Le ton d'abord assez haut, les paroles distinctes deviennent vite un murmure monocorde. Il parle longtemps, sur un rythme continu, ne s'arrêtant que pour allumer une nouvelle cigarette avec le mégot incandescent de l'autre. Il s'éloigne, seul, dans ses rêveries, vers les camps, les feux, les hommes qu'il a connus sous d'autres cieux tout aussi étoilés. Il semble heureux. Nous le sommes nous-mêmes. Heureux de ces heures primitives : la chaleur, l'éclat du feu de bois dans ce monde minéral qui, la nuit, prend des dimensions surprenantes. Nous ne regrettons pas le poids supplémentaire des fagots de bois. L'effort ajouté est déjà oublié. Portés par les ascendances de la nuit, les flots odoriférants des forêts viennent battre le pied des falaises. Et les odeurs de la nature, des versants boisés, se mêlent à celle du feu de bois dont les flammes projettent sur la muraille calcaire de longues lueurs dansantes.

M. Courteroche a fini de fumer. Il s'agite, s'assied sur ses talons, puis sur une fesse et sur l'autre. C'est visible, il veut dire quelque chose mais ne sait pas comment s'y prendre. Je lui tends la perche.

— Charles, vous avez des ennuis?

— Pas réellement, répond-il, mais il faut que je prenne un somnifère pour la nuit. Je ne dormirai pas autrement.

— Vous voulez un peu d'eau pour prendre vos comprimés?

— Non, pas vraiment de l'eau...

— Et bien, il vous reste du whisky. Ça va faire un drôle de mélange!

— C'est-à-dire que... Les somnifères en général ne me réussissent que si je les prends en suppositoire.

— Eh bien, mon ami, prenez vos suppositoires!

— Ça ne vous gêne vraiment pas?

— Mais non, mon ami. Prenez votre suppositoire et mettez-vous-le... enfin... où vous voudrez.

— Ah, bien, bien, dit-il avec un grand sourire.

Depuis un moment quelque chose d'indéfinissable m'agace. Dans l'inconscience du demi-sommeil qui précède le réveil, je ne cherche pas à analyser les raisons de ces agaceries. Mais la chose insiste, se confirme quant à l'endroit. Ça vient de mes pieds. Un peu mieux réveillé, mais pas encore tout à fait, je perçois vaguement une sorte de grattement, de chatouillement sous la plante des pieds. Tiens! un animal, un rongeur attiré par la chaleur. Il s'est fait prendre sous le sac de couchage et essaie de s'échapper. Je soulève mon sac de couchage en levant les pieds pour lui rendre la liberté, puis je repose les pieds et me rendors. Pas longtemps. Ça recommence à grattouiller. Cette fois, je m'assieds et sors la tête du sac. Aucun animal sauvage ou familier, chat égaré ou chien de berger, n'est venu me manifester son amitié. C'est seulement M. Courteroche, couché entre Jean-Marc et moi, qui s'évertue à me chatouiller les pieds avec ses orteils au travers de son sac de couchage et du mien.

— Oh là! que se passe-t-il? En voilà une façon de réveiller son guide! C'est bon. On y va.

Les premières lueurs de l'aube filtrent dans l'épaisseur du brouillard. Sur la roche, une fine couche de givre adoucit les gris et les ocres de la paroi en leur donnant des teintes pastel qui se fondent plus loin dans le blanc opaque de la brume.

Jean-Marc allume le réchaud, fait chauffer une gamelle d'eau. Un solide café, quelques biscuits et nous fermons les sacs. M. Courteroche, entre ses dents, grommelle des choses incompréhensibles. Le départ lui semble plus rapide qu'à l'accoutumée. En sortant son eau de toilette et sa brosse à cheveux, il manifeste quelque peu son énervement de ne pouvoir s'en servir à son gré.

— Nous n'avons pas le temps, monsieur Courteroche, il faut sans tarder commencer l'ascension si nous voulons, ce soir, être de retour aux Sauvas chez nos amis les Alleaume.

— Mais enfin, juste cinq minutes...

— En route, monsieur Courteroche!

Il n'est pas content, notre ami, mais alors pas content du tout. Il range ses objets de toilette en ronchonnant de plus belle.

Nous longeons la paroi sur une centaine de mètres. Dans la muraille, une profonde dépression marque une nette séparation entre le sommet de la crête du Berger et le pic de la Cluse dont la haute falaise sud est encore vierge. Le brouillard épais nous ôte toute possibilité de vue du sommet et de la falaise. Hier au soir, j'ai édifié un petit cairn à l'endroit précis où nous devons attaquer. En cette saison d'automne, sur les massifs calcaires, tôt le matin, les brouillards sont fréquents. Dès les heures plus chaudes, vers dix heures, ils se résorbent. Attendre jusque-là nous obligerait, ce soir, à un autre bivouac. La précaution prise en marquant le départ va nous faire, aujourd'hui, gagner un temps considérable.

La visibilité vers le haut est limitée à trente mètres. La base de la falaise est identique sur une centaine de mètres : un mur sans fissure où saillent cependant les prises, des aspérités assez grosses pour en permettre l'escalade. Au-dessus, noyés dans le brouillard, une série de cheminées, de dièdres, de couloirs plus ou moins hauts et profonds s'étendent sur une grande largeur. Le tout est de retrouver le bon passage qui nous conduira le plus loin possible, dans l'inconnu des parties hautes de la muraille calcaire. D'autres se perdent dans des zones compactes ou dangereusement friables.

Ces murailles, par endroits déliquescentes, ont leurs propres dangers. Il faut savoir les contourner, ou bien les affronter en faisant abstraction des risques si le jeu en vaut la chandelle. Pour cette ascension, je sais qu'il est possible de les contourner, d'éviter pour les deuxième et troisième de cordée le danger des chutes de pierres, les pierres inévitablement détachées, dans certains passages, par le frottement de la corde. Je connais bien les risques, les défauts de ces calcaires du Dévoluy. L'itinéraire à suivre, je l'ai défini depuis longtemps déjà. Autrement je n'engagerais pas M. Courteroche dans cette muraille. Des émotions, ça il peut être sûr qu'il va en connaître au cours de la journée et même en découvrir d'insoupçonnées. Mais, après tout, c'est bien un peu ce qu'il souhaite, en plus de la petite gloire nécessaire à ses aspirations personnelles.

Nous nous encordons. Je monterai en tête. Au milieu, M. Courteroche. En troisième de cordée, Jean-Marc. Son rôle sera très important. Comme pour la dent d'Aurouze, il récupérera les pitons nécessaires à la progression et, le cas échéant, maintiendra les pieds de notre client.

Je gravis les premiers mètres avec précaution, lentement. Il faut un certain temps d'adaptation pour se sentir bien sur ces roches fragiles, rendues glissantes par la mince couche de givre.

Les appels insistants de M. Courteroche me font marquer un temps d'arrêt. Je me retourne et regarde vers le bas. Sur le pierrier je vois mes deux compagnons entourés de brume; la tête rejetée en arrière, ils observent ma lente progression.

— Je vous écoute, Charles. Que se passe-t-il?

— René, dit-il très amical, j'ai très froid aux doigts.

— Prenez vos gants, Charles.

— Je les ai pris et je n'arrive pas à me les réchauffer.

— Eh bien, faites de grands moulinets avec vos bras. Ça ira mieux très vite.

— Bon, bon, bon, dit-il.

— Ne restez pas immobile pendant que je grimpe. Faites des mouvements.

— René, continue-t-il en tendant les bras vers moi, est-ce que je peux mettre mes mains dans les poches de Jean-Marc pour les réchauffer?

Il est parfois difficile de garder son sérieux. Je me mords les lèvres pour ne pas rire. Je vois Jean-Marc rougir jusqu'aux oreilles. Sans dire un mot, il me regarde, suppliant. Impitoyable, je réponds :

— Mais bien sûr, Charles, mettez vos mains dans les poches de Jean-Marc.

Et, tout heureux, M. Courteroche enfonce ses mains dans les poches de Jean-Marc qui doit me souhaiter toutes les punitions du purgatoire.

Le spectacle est tellement drôle que je ne peux retenir mon rire plus longtemps.

— Ouais, éclate Jean-Marc, je dois tout faire : dépitonner, pousser, servir de bouillotte!...

J'arrive au relais : une large terrasse au pied d'un large dièdre. Je suis sur le bon passage. Je plante deux pitons et tire le mou de la corde.

— A vous, Charles.

— Je peux monter?

— Mais oui, allez-y. Je vous assure.

— Bien, bien, dit-il.

Je ne tire pas la corde, histoire de voir. Il fait un mètre et part sur le ventre, plus vite qu'il n'est monté.

— Bon, bon. *Guide,* si vous tendiez davantage la corde, vous me rendriez un réel service, crie-t-il.

— Oui, *monsieur* Courteroche. Allez-y, je vous assure sec.

Je tiens la corde bien tendue et, comme il ne se passe rien, je tire un peu plus. Alors, M. Courteroche monte très allègrement les premiers trente mètres. Il ne lui reste plus qu'à faire de même pour les quatre cent soixante-dix mètres suivants.

Onze heures du matin. Les dernières nappes de brouillard flottent à mi-hauteur des pierriers, donnant ainsi à la vallée une plus grande profondeur. Nous sommes dans la partie médiane de la muraille. Le dièdre du départ nous a conduits à une succession de fissures, de dalles. Aucun obstacle majeur ne semble nous interdire le sommet. Quelques petits surplombs, cent mètres plus haut, vont sans doute retarder notre progression, mais il est encore tôt dans la journée et je ne m'en inquiète pas. Rien d'athlétique jusque-là. L'escalade est délicate. Diablement délicate par endroits. Prises rondes, prises franches mais très petites. Des passages exposés, surtout pour le premier de cordée. Assuré depuis le haut, on se livre davantage au vide, on monte plus vite sans avoir à se méfier de la prise, de l'écaille qui peut d'un seul coup, dans l'effort, alors qu'on lui confie son équilibre et une grande partie de son poids, se briser.

Sur ce terrain, M. Courteroche fait des prodiges. Sous l'effet de l'antipesanteur provoquée par la traction continuelle de la corde, additionnée d'une forte poussée de bas en haut exercée par Jean-Marc, assuré sur une autre corde (depuis le deuxième relais nous utilisons un encordement en flèche), il monte léger comme une abeille. Il va butinant de prise en prise. Parfois le ventre frotte bien un peu, mais nous n'en sommes plus à ça près depuis bien longtemps.

Les semelles de nos chaussures adhèrent bien sur la roche maintenant sèche. La progression devient plus rapide. M. Courteroche se surpasse. Il arrive même, sans l'aide de la corde, à effectuer des pas intéressants. Je lui en fais la remarque. Il faut savoir récompenser les bons élèves, ne serait-ce que par des paroles d'encouragement.

— Charles, vous êtes brillant ce matin.

Son visage s'éclaire d'un large sourire.

— Eh oui, mon cher, je ne vous le fais pas dire.

Stimulé, il accélère l'allure, se précipite mains en avant sur les prises plus larges en cet endroit. Ses pieds dérapent à gauche, à droite, et finissent toujours par s'arrêter sur un relief.

— Pas si vite, Charles, économisez vos forces.

— Oui, oui, dit-il tout excité.

Il arrive sur la plate-forme du relais, d'abord sur le ventre, puis à genoux. Il pose un pied à plat et, d'un seul mouvement étonnamment rapide pour un homme de sa corpulence, se redresse.

— Attention!... La tête!...

Trop tard. Il a donné violemment de la tête dans une petite corniche calcaire juste au-dessus du relais. Le casque a tenu bon. La tête aussi, mais il retombe quand même assis sur la plate-forme.

— Ça va, Charles?

— Bien, bien, répond-il.

Je l'aide à remettre son casque dans une bonne position.

— Charles, votre casque est trop grand, je vous l'ai déjà dit. Il faudra le changer.

— Mon ami, je tiens beaucoup à ce casque. Avec lui j'ai souvent vaincu, dit-il en souriant.

— Charles, un homme de votre qualité ne doit pas être fétichiste!

— Mon ami, c'est vous qui m'avez offert ce casque.

— Alors, c'est de ma faute. Je vous en offrirai un autre.

— Je ne dis pas ça...

— Mais si, mais si, vous tenez à ce que je vous offre un autre casque.

— Bien, bien, bien... reprend-il.

Toujours assis, il sort un paquet de Craven de sa poche et place délicatement une cigarette entre ses dents.

Jean-Marc arrive au relais et dit :

— M. Courteroche souhaite-t-il déjeuner?

— Mon bon ami, je n'absorberai aucun aliment solide. Par contre, s'il reste un peu de ce délicieux château-margaux, j'en prendrai volontiers.

— Mon bon Charles, répond Jean-Marc, qui semble très remonté contre lui, nous avons hier soir, devant un feu de bois, fini la dernière bouteille de ce vin remarquable. S'il ne vous reste plus de whisky, par contre votre flacon d'eau de toilette est, me semble-t-il, encore intact. Vous pouvez, en attendant notre retour aux Sauvas, en prendre quelques gorgées.

— *Guide*, dit Charles en se tournant vers moi, ce jeune aspirant guide me semble très impertinent. Vous ne devriez pas tolérer qu'il me parle ainsi.

— Ah, monsieur Courteroche, les temps ont bien changé.

— Vous pensez qu'il me prend pour un... voyons... comment dirai-je?...

— Oui, Charles, pour un taré.

— C'est ça, dit Jean-Marc en rougissant, il est complètement taré.

— Bien, bien, dit Charles, en sortant son carnet. Il faut que je note ça.

— C'est pas la peine de le noter, on vous le rappellera à l'occasion.

— J'en suis persuadé, répond-il, mais je tiens quand même à le noter. Quelle heure est-il?

— Midi et demi.

— Donc, poursuit-il, aujourd'hui à 12 h 30 mes guides m'ont laissé entendre que j'étais...

— Non, non, monsieur Courteroche, inscrivez : ont dit que j'étais un taré.

— Bien, mon ami, je le note comme vous me l'avez dit.

Il referme son carnet, le remet dans sa poche et dit, rayonnant :

— Eh bien, mes amis, puisque vous me considérez comme un taré, nous pouvons enfin nous embrasser.

— L'accolade, monsieur Courteroche, c'est pour le sommet.

— Voyons, répond-il, entre frères on peut bien s'embrasser!

— Comment ça entre frères?

— Mes chers amis, seuls des tarés peuvent en emmener un autre en montagne! Vous voyez, nous sommes frères!

— Tu entends comme il nous parle, Jean-Marc!

— Il a du culot!

— C'est le métier, monsieur, qui veut que nous soyons ensemble.

— Il faut bien gagner sa vie, répond Jean-Marc.

— Noblesse oblige, mon ami, dit M. Courteroche.

— Je ne vois pas le rapport, répond Jean-Marc.

— Allons donc, mes amis! clame-t-il tout à coup avec emphase, croyez-vous que j'aurais, dans ces falaises croulantes, confié ma vie à d'autres guides?

— Bien, monsieur, nous apprécions.

Trois longueurs plus haut et vingt mètres au-dessus d'un relais exigu, un petit surplomb déborde de quatre-vingts centimètres. Il forme une sorte de bouchon à la sortie d'un dièdre. Cette avancée rocheuse, amalgame de rocs brisés, nous oblige à déplacer le relais de quelques mètres plus à droite.

Mes compagnons seront ainsi à l'abri des pierres qui se détacheront du surplomb au cours de l'escalade, inévitablement.

Les vingt mètres du dièdre sont difficiles, très délicats sur les roches fragiles. Un premier piton au bout de dix mètres m'apporte le réconfort d'une certaine sécurité en cas de chute. Sur ces parois sud du Dévoluy, il faut tout prévoir. L'habileté du grimpeur ne suffit pas toujours à assurer sa sécurité. Un piton de plus vaut mieux qu'une vie en moins. Un mètre sous le surplomb, je plante un deuxième piton. Le surplomb a vraiment une sale gueule. Un amas d'éclats de roche maintenu par compression entre les deux facettes du dièdre. On imagine au premier coup d'œil la solidité de l'ensemble.

A gauche ou à droite, la roche est compacte, ça ne passe pas. J'entreprends une timide tentative. Les deux pieds en opposition sur les flancs du dièdre, la main gauche maintenue sous le surplomb, je cherche de la droite une prise possible.

Elles sont nombreuses, les prises, seulement elles ont une fâcheuse tendance à me rester dans la main lorsque je tire un peu dessus... Un cube de calcaire mieux enchâssé dans son alvéole me permet de monter l'autre main. Je le regrette vite. Rien de solide pour la main gauche. Ma nouvelle position a changé mon équilibre. Il ne m'est plus possible de revenir en arrière.

Je demande à Jean-Marc d'être vigilant, de bien tenir les cordes, puis, saisissant de la main gauche un ensemble de petites écailles, je me hisse sur le bras. Mes pieds quittent l'adhérence de la roche et... tout lâche d'un seul coup. Je me retrouve pendu à la corde deux mètres sous le piton.

— Bravo, Jean-Marc, tu as bien enrayé la chute.

Passer en escalade libre est hors de question, la roche est trop délitée. Je remonte sous le surplomb et plante un piton dans une amorce de fissure. Petit craquement... effritement de calcaire... La fissure s'allonge de dix centimètres. Un étrier sur le piton, j'engage le pied et me redresse sans à-coups. Le piton fléchit... puis s'immobilise. Deux autres pitons aussi solides et je me rétablis sur une sympathique banquette large de cinquante centimètres.

— A vous, Charles.

Pas de réponse. Plus fort :

— Charles, vous pouvez monter.

La corde légèrement tendue ne bouge pas d'un centimètre.

Je me penche au-dessus du vide. Le casque appuyé contre le mur, M. Courteroche semble plongé dans une profonde méditation.

— Monsieur Courteroche, c'est à vous de monter.

Il ne bouge toujours pas. Jean-Marc lui tape sur l'épaule :

— Il faut monter, Charles!

Charles lève enfin la tête, regarde vers le haut, l'œil terne, le visage un peu blême.

— Allez, Charly! dit Jean-Marc, sur un ton tout à coup familier, soyez courageux. C'est l'heure. Il faut y aller, sinon le guide là-haut va pousser une gueulante.

— Bien, bien, bien, dit Charles en se cramponnant davantage au relais.

Enfin il fait les premiers pas de traversée pour rejoindre l'axe de montée.

Les étriers se balançant doucement dans le vent vingt-cinq mètres plus haut n'aiguillonnent plus son désir de conquête.

Il monte. Il effectue des gestes, des amorces de mouvements. Ses petites jambes, de même que ses bras, battent un peu dans le vide toutes les deux ou trois prises, mais il monte sous l'impulsion d'une solide corde en bon nylon. M. Courteroche ascensionne! Lorsqu'il arrive à la hauteur du premier étrier, il se jette littéralement dessus, le saisit à pleines mains, passe ses deux bras dans les boucles, gesticule comme un diable. Trop ébranlé, le piton finit par s'arracher. Des blocs de calcaire se décrochent du surplomb, tombent, rebondissent sur la muraille. Jean-Marc rentre la tête dans les épaules, se plaque contre le rocher. Le gros des cailloux passe plus à gauche mais, dans leurs rebonds, des éclats s'en détachent et ricochent sur son casque.

D'un coup de corde, je fais gagner un demi-mètre à

Charles. Alors, prodigieux, il saisit le deuxième étrier et, dans un effort de tout son être, se hisse d'un bon mètre. Le piton ne résiste pas à cet assaut fulgurant. Il s'arrache, entraînant avec lui l'étrier et une autre légion de cailloux.

Charles ne se contrôle plus. Au comble de l'exaspération, il se lance dans une série de gestes désordonnés, produisant des efforts à se faire éclater les artères. Je lui crie :

— Doucement, Charles, doucement! Vous allez vous épuiser. Je vous tiens bien, vous ne ferez pas un centimètre vers le bas. Mettez vos pieds à plat sur la muraille et je vous tire jusqu'à moi.

Charles ne m'entend plus. Il semble avoir un compte à régler avec ce maudit surplomb. C'est net, ce sera lui ou le surplomb. Ce sera le surplomb. Le troisième piton lui fait gagner quarante centimètres de mieux. Mais, comme les deux autres, il ne résiste pas et s'arrache avec un bon quart du surplomb. Nouvelle canonnade pour Jean-Marc. Un nuage de poussière blanche flotte autour de Charles et l'estompe un court instant à ma vue. La corde s'agite dans tous les sens. Je la tiens fermement, comme une ligne de fond secouée par un gros poisson.

Le nuage se dissipe et Charles apparaît métamorphosé, prodigieusement beau! Il a enfin découvert les secrets de l'escalade. Ses acrobaties d'un style très personnel l'ont amené, je ne saurais dire comment ni par quel hasard, à se retrouver en opposition à droite du surplomb. Les deux pieds bien à plat sur le mur lisse, les doigts incrustés dans un semblant de fissure, bras et jambes parallèles, Charles offre le spectacle du parfait sextogradiste [1]. Impensable! Inima-

1. Sextogradiste : spécialiste de l'escalade extrêmement difficile — 6ᵉ degré.

ginable! En montagne tout peut arriver, même le meilleur! A présent, que va-t-il se passer? La position est belle, certes, mais Charles ne peut bouger d'un centimètre. Il est littéralement verrouillé à la montagne, tellement verrouillé que je ne peux même plus le hisser.

Il va tenir ainsi, le temps d'avoir les mains tétanisées au point de lâcher prise. Ce ne sera pas long... quelques secondes, juste quelques secondes...

C'est alors qu'un sinistre craquement fait frémir le surplomb. Charles, projeté par la poussée de ses jambes, traverse le surplomb vers l'autre bord du dièdre. La moitié du surplomb, quitté si prestement, s'abîme dans le vide. Au milieu des bruits d'éclatements, de rebondissements de pierrailles, partant dans toutes les directions, montent des hurlements. Jean-Marc désapprouve les bruyantes manifestations de M. Courteroche. Il dit « se sentir visé tout particulièrement par cet individu », et que depuis ce matin il en a marre. D'étranges appellations suivent : « Taré!... Débile!... Cloporte... » Les choucas, effrayés, s'enfuient à tire-d'aile...

M. Courteroche n'entend rien. Eperdu, il se maintient sur le restant de surplomb dans une position différente mais tout aussi acrobatique et pénible. Il étreint de tout son être la montagne, à pleins bras, à pleines cuisses. Rage ou passion? Caresse sublime, jouissance minérale? Il s'incruste dans la roche. S'il lâchait cette montagne, je pourrais le tirer... Mais malgré mes supplications, puis mes imprécations, il ne la lâche pas. Soudé à la matière, il est devenu calcaire...

Un mauvais bruit de rupture parcourt à nouveau la roche. Soudain, stupéfait mais ravi qu'il se passe enfin quelque chose, je vois Courteroche et son surplomb osciller sur la droite. Le craquement se prolonge, l'ensemble se dissocie. Courteroche, enfin libre, pend tristement au bout de la corde.

L'autre moitié du surplomb va rejoindre le premier, ajoutant au pierrier une multitude de débris dont les points d'impact font surgir de petites taches de fumée. Cette fois, Jean-Marc manifeste son mépris par un silence total.

Avant que M. Courteroche ne songe à s'accrocher à un quelconque débris, je le hisse en deux coups de corde. Encore gesticulant, projetant ses bras dans tous les azimuts, il atterrit sur la banquette du relais sérieusement rétrécie par l'absence du surplomb.

Pantalon déchiré, poches arrachées, casque enfoncé sur les yeux, il est blanc de poussière et encore gémissant de frayeur et de colère.

— *Guide,* me dit-il sur un ton plutôt acide, vous empruntez d'inquiétants chemins.

— Cher Monsieur, vous voulez faire des premières? Eh bien, vous en faites une! Aujourd'hui, les premières sont rares et, de ce fait, inquiétantes. Cela dit, vous êtes un destructeur!

— Comment un destructeur?

— Vous avez détruit un surplomb, un morceau de montagne.

Sourcils, cils, joues, tout le visage enfariné, il me regarde, furibond.

— Mon ami, vous déraillez, dit-il.

— Monsieur, vous n'êtes pas dans une situation à vous en prendre à votre guide. Attendez le sommet.

— Bien, bien, répond-il.

— Charles, vous étiez transcendant dans votre combat avec le surplomb!

Pour appuyer mes affirmations, je lui donne une grande claque sur l'épaule, laquelle soulève un nuage de poussière. Il éternue.

— Une cigarette? propose-t-il en glissant la main dans sa poche déchirée. Ah! quel malheur! je les ai perdues...

— Nous fumerons plus tard, Charles.

Jean-Marc émerge du vide, enfariné comme M. Courteroche.

— Merci pour le dépitonnage, dit-il, vous m'avez facilité la tâche. Mais quand même, le surplomb, vous pouviez le laisser en place.

— Bon, bon, répond l'autre. Il est 15 heures, si vous tenez à être ce soir aux Sauvas, il faudrait vous hâter.

— Ça alors! il est gonflé, dit Jean-Marc énervé des excentricités de notre client.

Celui-ci, comme tonifié par son combat contre le dragon, contre la frayeur, dont il est sorti vainqueur, a retrouvé une nouvelle vigueur, surtout à la vue de la paroi au-dessus, enfin inclinée dans le bon sens.

— Vous avez raison, il faut nous presser. Gaston Alleaume nous prépare pour ce soir le plus gros canard de sa basse-cour. Un canard cuit au four...

La pensée des prochaines libations le rend impatient.

Nous atteignons le sommet à la nuit tombante. La falaise n'aboutit pas directement sur le plateau. Elle en est séparée par une arête horizontale de deux cents mètres ornée de tours et de créneaux. Le mur que nous venons de gravir est détaché du plateau sur toute sa hauteur. Une tranche de calcaire de cinq cents mètres. De chaque côté de l'arête, de profonds couloirs, des cheminées labyrinthiques plongent vers les fonds maintenant obscurs. A gauche, de fines aiguilles de calcaire aériennes, percées de trous, reliées entre elles par d'extravagantes passerelles de blocs emboîtés, forment des dentelles de pierre d'une fragilité vertigineuse.

La lente montée de la nuit augmente la sensation de vide.

Les dernières lueurs mauves et bleues donnent à cette architecture des allures fantasmagoriques.

Dans le faisceau de nos lampes frontales, nous suivons les méandres de l'arête. M. Courteroche devient d'une lenteur exaspérante. Nous ne pouvons lui en tenir rigueur. Il s'est battu comme un lion. Sa première, il l'a bien gagnée.

A 21 heures nous sommes sur le plateau. Vers l'ouest un éclair cisaille la nuit.

Le canard de Gaston doit prendre une belle teinte dorée...

Charles Courteroche descend dans la combe de pierrailles en direction de la forêt des Sauvas. Il marche en titubant, auréolé de sa transpiration surie, anéanti de fatigue.

A 1 heure du matin nous franchissons le seuil de la maison forestière. Assis devant sa cuisinière, Gaston attend... Le canard, au chaud dans le four, aussi... Il ne suinte plus de bon jus doré. Il est sec, sec comme un morceau de calcaire..., dodu comme un pigeon mort de faim... Gaston, navré, nous le sert dans un grand plat. Sur la porcelaine blanche, il prend, à nos yeux d'affamés, les dimensions d'un moineau. Cependant, son odeur reste des plus appétissantes.

— Charles, l'aile ou la cuisse?

Charles n'a pas faim. Il a soif, une soif terrible. Il se lève.

— Je vais chercher une boisson digne de ce noble repas et de notre ami Alleaume.

Il revient avec une bouteille de château-margaux, prise dans sa réserve de voyage. La dernière, annonce-t-il.

Nous dévorons l'oiseau.

M. Courteroche, assis très dignement, les paupières tombantes, marmonne des choses incompréhensibles... Heureux.

6

Janine Bocquentin

Visage intelligent et volontaire, brune, charmante et infiniment sociable, Janine Bocquentin, originaire de la Durance et médecin de son état, est une femme passionnée. Sa passion pour la montagne n'est pas à sens unique. En montagne, rien n'est à sens unique. Elle a trouvé là-haut une chose inestimable : le bonheur d'exister. Le sentiment d'être. A la montagne elle a tout donné. La montagne lui a tout rendu.

Installée dans sa profession à Paris, Janine s'entraîne à Fontainebleau, sur les falaises du Saussois. A l'aise en terrain difficile, connaissant parfaitement bien toutes les manœuvres de cordes, descente en rappel, etc., Janine est devenue une véritable alpiniste. Elle a gravi les parois les plus difficiles, la face nord de l'Olan, l'éperon Walker aux Grandes Jorasses, le pilier sud-ouest des Drus, la face nord de l'Eiger et bien d'autres encore. Une liste d'ascensions exceptionnelles. Normal : Janine elle-même est exceptionnelle.

Par un bel après-midi d'été, nous remontons, portant chacun un sac moyennement lourd, le sentier du refuge de Font-Turbat. Le ciel est bleu. Il fait bon. Peut-être un peu trop chaud. Dans la première partie du vallon, l'herbe est parsemée de fleurs. Après quelques kilomètres très champêtres, les versants du vallon se rapprochent, le sentier devient plus escarpé. Des tapis de rhododendrons sortent des rocailles plus denses. Sur les versants, les couloirs de pierrailles, les moraines s'épaississent. Le sentier prend de l'altitude. Bientôt le vallon s'infléchit vers la gauche. Alors la face nord de l'Olan surgit, grandit, s'élance davantage à mesure que nous approchons du refuge.

Je découvre le nouveau refuge d'aluminium posé sur un socle de pierres taillées. Moins de poésie mais plus de confort que l'ancienne et vétuste baraque.

Depuis dix ans je n'étais pas revenu ici. Depuis mars 1960 où, avec mes compagnons, j'avais gravi la face nord, blanche et glacée. En 1957, avec Jean Couzy, j'avais aussi ouvert la directe au sommet nord. Depuis, elle n'a été reprise que deux fois. C'est donc la quatrième ascension que Janine se propose de réussir. Janine est un peu émue par les onze cents mètres de paroi; moi davantage par le souvenir des heures passées là en hiver et en été.

— Janine, c'est formidable. Tout recommence!

— Quoi! tout recommence!

— Oh! rien. Enfin je suis bien content que tu aies souhaité gravir cette paroi.

— Ça ne serait pas aussi un peu ton idée?

— Disons que j'ai évoqué une ascension un peu sévère et que tu as voulu voir de plus près.

— Ouais, me répond Janine. J'ai envie d'escalader cette face nord.

Le confort du refuge est quand même très appréciable. La chaleur est douce, les gardiens charmants.

— Le temps n'est pas sûr, me dit l'un d'eux. Tendance à l'orage. Mais pas de perturbations importantes d'après la météo.

— On verra demain. Le baromètre semble assez optimiste.

La nuit bleuit doucement. A petits coups secs nous enfonçons nos pieds dans la neige dure du cône, à l'aplomb du couloir central. Là-haut, les cinq cents derniers mètres du sommet nord sont bougrement verticaux. Une légère lumière rose souligne le sommet. Dans quelques instants le soleil libérera les premières et habituelles volées de pierres.

A gauche du couloir central, sur les rochers humides et licheneux, nous montons de cinquante mètres. Hors de la portée des projectiles possibles, nous poursuivons notre progression. Les clartés roses et mauves de l'est rougeoient. Puis le ciel devient bleu. Le beau ciel de l'Oisans. De l'autre côté de la montagne, le soleil monte, éblouissant. Sur les versants sud et est de l'Olan, sur les rochers déchiquetés et sauvages du Valgaudemar, la lumière du soleil ruisselle.

Janine grimpe allègrement, elle est au mieux de sa forme. Son sac ne semble pas la gêner. Dans cette partie de la paroi, les premiers cinq cents mètres, rien de très difficile. Seul le poids des sacs retarde une progression qui pourrait être rapide. Sur une large terrasse nous posons notre chargement pour souffler un moment. Il est 10 heures.

— Si on mettait tout ce qui est lourd dans un des sacs, on pourrait le tirer à la corde, me dit Janine.

— On le fera plus haut, dans les difficultés : tirer un sac ici dans ces ressauts serait encore plus pénible, il s'accrocherait partout.

— Tu as faim?

— Je mangerais volontiers.

— Nougats, jambon?

— Les deux, mais d'abord le jambon.

— Par où ça se passe? Dans les surplombs? Ils ont une drôle de gueule! dit Janine. A quelle distance sont-ils?

— A trois cents mètres, mais on ne les franchit pas. Tu vois, juste sous les surplombs, cette grande dalle lisse?

— Entre les coulées noirâtres?

— Oui. Celle-là, on la traverse de droite à gauche. Un passage très exposé, aérien. Là, les cordes pendent dans le vide.

— Ouais, dit Janine, je vois. Et maintenant par où passe-t-on?

— On va essayer de monter en tirant un peu à gauche. Avec Jean Couzy nous étions passés près du couloir, plus à droite, par ces rochers où tu vois de grandes taches rouille.

Sur ces rochers compacts qui bordent le couloir, le pitonnage m'avait paru difficile. Les pitons actuels du type américain, ces pitons qui pénètrent dans les plus minces fissures, derrière les plus fragiles écailles de la roche, n'existaient pas encore. Et nos pitons les plus courts, les moins épais, qu'on appelait « as de cœur », se tordaient dès les premiers coups de marteau lorsque nous voulions les enfoncer dans de trop minces fissures. Aujourd'hui, sur les dalles noires de la voie Cassin, à l'éperon Walker, le sixième degré n'existe plus. L'emploi excessif des nouveaux pitons l'a totalement supprimé.

— Alors, Janine, on le reprend, ce sac?

— Ouais, il est lourd!

— Mais non, il n'est pas lourd, c'est une idée que tu te fais! Janine, la grande époque, l'âge d'or, c'est fini! Mlle d'Angeville au Mont-Blanc avec douze guides et porteurs, c'était en 1838. Maintenant il faut porter son sac. Tu te vois ici, dans cette paroi, avec douze porteurs?

— Ouais, je me vois très bien sans sac sur le dos.

— Ecoute, c'est simple : ou tu es riche et tu prends des porteurs, alors tu grimpes sans porter de sac, ou tu n'es pas riche, ce qui est le cas, et tu grimpes avec ton sac sans rouspéter. Allez, monte!

Bientôt la paroi se redresse jusqu'à la verticalité. Nous sommes au début des vraies difficultés. Les rochers me semblent moins compacts que sur l'itinéraire de droite, mais les pitons font peut-être la différence.

Janine monte bien. Une solide grimpeuse. Aujourd'hui encore, c'est tout juste si l'on ne considère pas les femmes qui s'aventurent dans les parois rébarbatives comme des anormales. On leur conteste féminité et sentiments. Tous les hommes, d'ailleurs, n'apprécient pas de voir des alpinistes du sexe prétendu « faible » grimper plus vite et mieux qu'eux. Il faut pourtant se rendre à l'évidence. Des grandes parois comme la face nord de l'Eiger ont été gravies par des femmes. Cinq jusqu'à ce jour. Janine était la quatrième. L'Everest aussi a été gravi par des femmes.

Point de vue du guide : grimper avec une femme douée est la chose la plus agréable qui soit. On bénéficie ainsi d'un charmant compagnon capable de vous assurer en terrain difficile et de retirer, à l'occasion, quelques pitons... Ce que fait Janine en ce moment, non sans montrer sa désapprobation à l'égard de ceux qui, trop bien enfoncés, l'obligent à de pénibles acrobaties. Dans une courte traversée à droite, retenue par la corde, sa main droite sur une écaille de rocher, elle s'efforce, de la gauche bien tendue, avec un vieux marteau auquel elle tient beaucoup, d'ébranler un piton de bon acier enfoncé de ma main droite avec un marteau d'un poids nettement supérieur au sien. Je sais par habitude qu'elle ne va pas tarder à me dire des choses désagréables. Donc je sacrifie le piton.

— Janine, pourquoi tu t'énerves sur ce piton? Il ne t'a rien fait. Laisse-le. Viens.

— Je n'aime pas laisser des pitons derrière moi!

— Oh! ça ne sera pas le premier.

— Comment ça ne sera pas le premier? Si tu ne les enfonçais pas à tour de bras...

— Un piton, c'est fait pour tenir. Autrement, il ne sert à rien.

— Ouais, il y a tenir et tenir.

— Allez, Janine, écrase et monte.

— René, tu as vu le nuage au sommet?

— Tiens! un petit nuage! Il n'a pas l'air bien méchant.

Il est midi. Le petit nuage là-haut pourrait bien se transformer en un très gros nuage noir et de là à l'orage...

La température trop douce, les montagnes trop proches sont bien les signes avant-coureurs du mauvais temps. Les prévisions pessimistes du gardien vont peut-être se révéler justes en dépit du bleu persistant du ciel. Je le savais. Malgré tout, ça valait la peine d'essayer. En ne s'engageant pas trop le premier jour, la retraite est possible sans beaucoup de difficultés. Je sais que, cinquante mètres au-dessus de nous, une large terrasse nous offrira un confortable bivouac. Demain, s'il fait mauvais temps, nous descendrons en rappel.

A 14 heures nous posons les sacs sur la terrasse. Le ciel est bleu, bien dégagé. Cent cinquante mètres au-dessus de nos têtes, une zone de surplombs gris avance sur le vide.

Sur la neige recouvrant la terrasse, j'aménage une plate-forme légèrement creuse dans son milieu. On pourra y dormir sans avoir à s'attacher à un piton.

Janine prépare quelques aliments et des boissons chaudes. Le temps s'écoule doucement jusqu'au soir. Pour la nuit nous installons une légère tente de bivouac. Les dernières lueurs du jour, plus rouges qu'au matin, enflamment un ciel sans nuage. Les étoiles apparaissent, trop brillantes. Le froid rassurant ne vient pas.

Je sors des limbes, me réveille lentement. Une vague impression d'humidité. Et puis tout à coup, plus près, un bruit de clapotis. Oui, je dis bien, de clapotis! Alors, cette fois complètement réveillé, je sens l'eau se déplacer dans mon sac de couchage. Je suis allongé dans une véritable baignoire, le dos trempé de la tête aux pieds. Je n'ose plus bouger. Si je me tourne d'un côté ou de l'autre, si je tente de m'asseoir, l'eau va me ruisseler sur le reste du corps à peu près sec.

— Janine?

— Ouais.

— Tu dors?

— Non. (Evidemment, puisqu'elle me répond.)

— Il pleut!

— Ouais, ça fait un moment.

— Tu es mouillée?

— Tu parles! Jusqu'aux os. Ça me coule de partout. La

cuvette que tu as taillée dans la neige s'est transformée en baignoire, l'eau est entrée par l'ouverture du tapis de sol.

— Quelle heure est-il?

— 3 heures.

— Seulement 3 heures?

— Ouais, on a encore le temps de faire trempette avant le jour. Que comptes-tu faire?

— De toute façon, mouillés comme nous le sommes, même si le beau temps revient, il faut descendre.

— On revient dès qu'il fait beau?

— D'accord, Janine, on revient. Si on faisait un café bien chaud?

— Le réchaud est dehors.

— Prends-le, il est de ton côté.

— Ouais, mais pour ça il faut remuer... Je n'en ai guère envie.

— Alors, on attend encore un peu.

Plus rien de sec. Les vestes de duvet utilisées comme oreiller sont transformées en éponge. Attendre. C'est long lorsqu'on est coincé dans une petite tente faite pour la neige et non pour la pluie, où l'eau ruisselle sur les cloisons et s'amasse dans la cuvette du tapis de sol. Une baignoire dans la face nord de l'Olan, quel luxe!

— Janine... Tu le fais, ce café?

— Tu y tiens. Sortir du sac de couchage, ouvrir la tente, c'est pas gai.

— Oui, bien sûr, mais tu es déjà mouillée. Alors, un peu plus, un peu moins...

— Pourquoi tu n'y vas pas toi-même?

— Voyons, Janine, tu sais bien que je ne suis pas du bon côté!...

Janine se résigne enfin, sort du sac de couchage jusqu'à

la taille, ouvre la tente et avance le buste sous la pluie.

— Ne remue pas comme ça, tu fais monter le niveau de l'eau.

Elle revient et m'annonce, triomphante :

— Le réchaud est de ton côté!

— Tu as bien cherché dans la neige?

— Oui, oui, il est de ton côté.

— Ah bon...

Avec l'évaporation de l'eau sur le réchaud, s'il faisait nettement plus chaud, on pourrait se croire dans un bain turc.

Au jour, la fine pluie de la nuit se resserre. Le brouillard, en longues volutes, monte dans le couloir central et s'étale en nappes à la sortie, effaçant glacier, refuge et vallon. Nous sommes dans un monde de nuages gris, sur une paroi ruisselante. Et elle ruisselle, l'eau! De partout, du rocher, des fissures, des surplombs, du sommet où crèvent les nuages. Nos sacs en sont remplis. Elle nous coule le long du dos, des bras, jusqu'au tréfonds de nos pantalons. Elle déborde de nos chaussures. Quand on pense qu'on peut mourir de soif en montagne! L'eau du ciel, l'eau divine nous pénètre de partout, nous sommes lavés jusqu'à la moelle, jusqu'à l'écœurement, nous en claquons des dents.

En trois rappels de quarante mètres nous descendons le ressaut vertical gravi hier dans une belle lumière. A la hauteur du descendeur où la corde se freine et s'essore pour aussitôt se regorger d'eau, un jet permanent arrose les jambes, coule le long des avant-bras. Cet arrosage supplémentaire est dans un premier temps désagréable, puis très vite nous l'oublions. Au point où nous en sommes, un peu plus, un peu moins!...

Janine descend la dernière. Je lui fais confiance. Elle

s'y connaît en descente de rappel, nœud de sécurité, etc. Je descends le premier pour déterminer le meilleur emplacement de relais et préparer le rappel suivant.

Passé le ressaut difficile, nous plongeons dans un désordre de petites cascades surgissant d'étroites cheminées où l'eau s'accumule. Sur les sommets, des roulements de tonnerre s'amplifient. Surgies du néant, des bourrasques précipitent sur nous des gerbes de pluie, des masses de brume. De longs frissons nous agitent l'échine, à nous faire claquer les côtes aussi fort que les dents, dont nous interrompons les vibrations convulsives en serrant les mâchoires.

Nous avons hâte d'arriver en bas de la paroi, au refuge par moments fugitivement aperçu, entre l'épuisement d'un nuage et la naissance d'un autre. Aller vite, échapper à l'eau du ciel, au feu du ciel qui, bondissant d'une paroi à une autre, pourrait bien, dans une explosion de lumière, nous soulager de tous nos problèmes, immédiats et futurs.

En bas de ce rappel, le cinquième, je prends pied sur une longue vire horizontale large de cinquante centimètres. Vingt mètres plus loin, vers le nord, elle disparaît derrière un angle rocheux. Cette vire peut nous amener à d'autres vires et, de là, à l'arête nord. En suivant son flanc ouest, nous pourrons, à condition d'être ni trop haut ni trop bas, trouver un itinéraire que je sais facile — pour l'avoir entendu dire car je ne l'ai jamais suivi moi-même. Un itinéraire rapide, sans rappel. Le tout est de le découvrir. Mais dans ce brouillard et cette pluie... Je crie à Janine, perdue quarante mètres plus haut dans la brume, mon intention d'une courte reconnaissance pendant qu'elle descend. Mais tout ce qu'elle a retenu, c'est : tu peux descendre à ton tour.

Je laisse là mon sac, m'engage sur la vire, contourne

Le Mont-Blanc du Tacul (4 248 m) et les aiguilles du Diable.

Page précédente : L'aiguille Blanche et le col de Peuterey.

Page suivante : L'arête sud de l'aiguille Noire de Peuterey au coucher du soleil.

l'angle rocheux et poursuis mon exploration. Entre-temps, Janine arrive au bas du rappel, voit mon sac et rien d'autre. Qu'auriez-vous pensé à sa place? Elle regarde en bas, à gauche, à droite... Vers le bas, rien, le brouillard, rien que le brouillard et le sac posé sur la vire. Elle appelle d'abord timidement, d'une petite voix déjà angoissée. Rien, juste le bruit des ruissellements d'eau, de l'orage maintenant plus lointain. Alors, tout d'un coup, l'angoisse, la panique brutale. C'est clair, René est tombé! La corde, le sac, rien d'autre. Hurlements de Janine. Elle crie mon nom à tous les échos. Mais les échos ne répondent pas. La montagne s'en fout! Cette histoire-là ne la concerne pas. Et, bien sûr, je n'entends rien, moi non plus. Au bout d'un quart d'heure, je reviens paisiblement sans avoir trouvé le passage. Effondrée sur sa vire, Janine me voit surgir du brouillard avec, certainement, le même regard que les apôtres voyant Jésus marcher sur les flots... (Bien entendu, la comparaison n'est là que pour faire sentir l'étonnement de Janine. Je n'oserais jamais, ô Seigneur, me prendre pour Jésus. Je ne suis qu'un pauvre pécheur.) Et sous les mots et dans ses yeux je sens sa profonde désapprobation, les multiples injures qu'elle n'ose formuler.

— Tu n'as rien trouvé? me demande Janine après avoir écouté mes explications.

— Non. On va passer par le couloir, c'est le plus court.

— Et les pierres!

— En descendant, on se plaquera au plus près de sa rive droite. En quatre rappels on franchit sa section la plus raide, ensuite on le quitte en revenant à droite vers l'itinéraire de montée.

— Combien d'ici au couloir?

— Cent mètres. Trois rappels.

Au cours de ces retraites en rappel où le froid épuise davantage que l'effort, le temps passe vite. Les heures glissent dans le temps, fuient comme les rafales du vent. Portés par les bourrasques d'orage, les grêlons s'abattent en gerbes sur les rochers, crépitent autour de nous. Le froid n'est pas encore extrême, mais notre peau mouillée depuis des heures frémit en longs frissons. La peau des mains, gonflée d'humidité, devient plus fragile, plus sensible sur les cordes gorgées d'eau et de fins graviers. Les cordes sont plus lourdes à manœuvrer. Elles se freinent dans les anneaux et les sangles de nylon. Et de temps à autre, lorsque l'anneau de rappel frotte trop sur le rocher, je sacrifie un mousqueton. Alors, la corde glisse mieux, revient sans trop d'efforts.

Le couloir nous fait gagner un temps considérable. Janine, décidément très en forme, malgré toutes nos petites misères, nos vêtements et nos sacs alourdis, file sur les cordes sans perdre une seconde. Je suis surpris de ne pas entendre les habituelles volées de pierres. Juste de temps à autre un projectile isolé qui nous rappelle la présence du danger.

Là-haut, sur les hauteurs aux rochers délités, le froid doit serrer dur. Il ne va pas tarder à neiger dans le bas de la paroi.

Nous échappons au couloir en traversant à droite sur de raides rochers brisés par endroits. Dans une traversée exposée, un bloc instable oscille, se déplace de quelques centimètres. Prudemment je le contourne. Un bloc d'une centaine de kilos.

— Attention, Janine, ce bloc est dangereux, évite de le toucher quand tu traverseras!

— Ouais, j'ai vu, dit-elle.

Lorsqu'elle traverse à son tour, dans l'action de l'escalade, elle a oublié le bloc et le prend à pleines mains. Le bloc bascule. Janine pendule sur la corde de plusieurs mètres. Elle en est quitte pour une frayeur de plus. Ouf! je respire un grand coup. Si Janine, au cours du pendule, s'était fait prendre entre le bloc et la paroi...

Enfin le dernier rappel. Le glacier où nous attendent les gardiens du refuge, aussi mouillés que nous, venus jusqu'au pied de la muraille avec une thermos de café. Une attitude sympathique et rare.

Janine n'allait pas rester sur cette ascension avortée sous les trombes célestes, au contraire. Elle s'en sentait renforcée, plus sûre d'elle et de ses possibilités physiques. Une retraite dans le mauvais temps, où la montagne se révèle sous son visage dur et féroce, est un excellent enseignement, une expérience nécessaire. Il est bon de la connaître ainsi, on l'approche ensuite avec plus de respect. Avec l'expérience on devient plus méfiant : un facteur supplémentaire de longévité.

Une retraite dans une paroi difficile, si le mauvais temps ôte toute chance de réussite, n'est pas un échec.

Une semaine plus tard, nous étions de retour au refuge de Font-Turbat, avec des prévisions météorologiques plus favorables. Hautes pressions, bise du nord. Cette fois, la cordée était plus lourde, moins rapide. Pierrot, un compagnon de Janine, s'était joint à nous. Je pense qu'elle souhaitait être contre-assurée par une deuxième corde dans la traversée sous les surplombs, et c'est bien compréhensible. J'espérais trouver en Pierrot un porteur, mais Pierrot a une sainte horreur des sacs lourds et, pour être léger, ne s'encombre pas d'un sac de couchage. Mes recommandations quant à la fraîcheur des nuits ne servirent à rien. Il ne voulut rien savoir. En trois jours et deux bivouacs (très frais pour Pierrot), nous gravîmes la paroi. Au sommet Janine exultait. Elle s'adjugeait la quatrième ascension de la directe de la face nord de l'Olan. Elle l'avait bien gagnée. Par la suite, nous allions faire ensemble les plus difficiles parois : la face nord des Grandes Jorasses, la face nord de l'Eiger.

7

La face nord de l'Eiger

Dans les Alpes bernoises, la face nord de l'Eiger (l'Ogre), haute de 1 800 mètres et large à sa base de 1 600 mètres, est la plus haute paroi des Alpes. Enorme masse de calcaire et de glace, majestueuse, fantastique, elle émerge des prairies qui dominent Alpigen et culmine à 3 975 mètres.

Large, concave, la face nord de l'Eiger, l'Eigerwand (le mur de l'Eiger), domine le col de la Petite Scheidegg où se trouve la station du funiculaire qui, montant de Lauterbrunnen et de Grindelwald, pénètre au centre de l'Eiger et du Münch par des tunnels creusés dans la masse de la montagne pour aboutir au Jungfraujoch à 3 457 mètres.

Située au fronton du massif de l'Oberland, réputé le plus pluvieux des Alpes, la paroi reçoit en priorité les nuages avant-coureurs du mauvais temps. Dans sa forme concave, immense amphithéâtre, elle les y retient tout particulièrement. On peut dire que l'Eigerwand a son propre climat (un microclimat), et il est fréquent de voir le mauvais temps y persister alors que, 2 000 mètres plus bas, le soleil inonde les prairies de l'Alpigen.

La base de la paroi est à 2 100 mètres d'altitude. Les premiers six cents mètres qui composent le socle de la face nord, déjà très raides, ne sont pas d'une difficulté supérieure. Ils se gravissent assez aisément. Cependant, dans les strates de calcaire, de hauteurs variables, certains passages exigent la plus grande attention. La roche délitée est souvent friable, les prises cassantes. Cette partie de la paroi est très exposée aux fréquentes chutes de pierres.

Au centre, à la base de la première falaise, on peut apercevoir une ouverture fermée de baies vitrées. C'est la station Eigerwand où les touristes peuvent, tout à loisir et sans danger, contempler les zones inférieures de la face nord.

Au-dessus du socle, une haute falaise, première difficulté importante, barre la paroi sur toute sa largeur. Elle est dominée par le premier névé (bande de glace) qui conduit à une deuxième falaise moins haute, mais difficile. Un deuxième névé plus vaste succède à la deuxième falaise. Il s'achève sous une longue strate compacte et délitée.

Un troisième névé, moins important, est surmonté d'un mur de deux cents mètres aboutissant à une pente de glace dont les petits couloirs qui convergent vers son centre font penser, vus de loin, à une araignée, « l'Araignée blanche ».

Au-dessus de l'Araignée, la paroi rocheuse reste difficile sur plusieurs longueurs de corde. Puis elle s'incline et s'achève en pentes de neige conduisant au sommet et sur l'arête de Mittelegi.

L'ascension de l'Eigerwand ne présente pas de passages de difficulté extrême mais, sur toute sa hauteur, rien n'est jamais facile. Et, si la majeure partie du socle peut se gravir sans l'utilisation de la corde, la déliquescence du rocher exige les plus grandes précautions.

Pour gravir cette paroi avec toutes les chances de réussite, il est indispensable de posséder une excellente connaissance de tous les terrains : glace, neige, roche friable. Le danger véritable de cette ascension est le mauvais temps avec son cortège d'avalanches. Il peut survenir de façon imprévisible.

L'été, lorsque l'orage s'abat sur la face nord, que les pluies diluviennes et les habituelles chutes de neige inondent la paroi, il n'est pas un seul endroit où l'alpiniste puisse espérer s'abriter. Sous les rares petites avancées rocheuses où l'on penserait trouver un refuge momentané, l'eau ruisselle, malicieuse, démoniaque; elle suit le plafond du surplomb et coule en multiples gouttières qui ont vite fait de vous tremper. L'eau glacée coulant sur la peau pendant des heures, pour geler ensuite lorsque cesse la pluie, est le supplice le plus désagréable que l'on puisse subir en montagne. Pour les moins résistants, il peut être meurtrier à brève échéance.

Le chemin suivi par les premiers ascensionnistes et les cordées qui gravirent ensuite la face nord emprunte les zones de moindre résistance. De la base du deuxième névé au sommet de la rampe, l'itinéraire traverse la paroi sur presque toute sa largeur, pour rejoindre en son centre, par une longue traversée horizontale à droite, l'Araignée. Un itinéraire de trois kilomètres pour mille huit cents mètres de verticale. Ces traversées interminables sur des névés raides et des pentes rocheuses brisées demandent plus d'adresse et d'équilibre sur les pointes avant des crampons que de force au niveau des bras. Ce sont ces traversées qui, à une certaine altitude, interdisent aux moins expérimentés tout espoir de retour. Redescendre depuis le centre est pour des hommes fatigués aussi dangereux, si ce n'est plus, que de progresser vers le haut. Par mauvais temps, les névés sont constamment balayés par les avalanches, celles-ci formées par les coulées de neige qui, du haut de la paroi, convergent vers l'Araignée où elles s'assemblent en énormes cascades, puis, alourdies des pierres drainées sur leur parcours, se précipitent dans le vide pour, plusieurs centaines de mètres plus bas, raboter les pentes de glace déversée. Seules quelques rares cordées ont pu revenir depuis le haut de la rampe dans de telles conditions. A cause de leur force, de leur expérience. Et aussi parce que, ce jour-là, la chance ne leur a pas fait défaut!

Pour gravir la face nord de l'Eiger, on comprend que l'équipement vestimentaire et technique soit de première importance. Mais la forme physique et morale, la connaissance de ces terrains rocheux et glaciaires le sont plus encore. En fait, il faut l'ensemble de ces conditions additionnées à pas mal de chance. Les expériences que j'ai vécues dans cette paroi m'ont démontré que les plus aguerris étaient aussi vulnérables que les autres aux redoutables dangers, avec, bien entendu, la différence — elle est de taille — qu'expérience et résistance leur permettaient de tenir plus longtemps et ainsi d'atteindre le sommet. Mais sous les avalanches et les chutes de pierres, où est la différence?...

On a déjà beaucoup écrit sur cette paroi. Alpinistes, romanciers et journalistes ont noirci des milliers de feuillets sur la montagne la plus meurtrière des Alpes. Pour les narrateurs de sensationnel, il y avait en effet de quoi dire et écrire : combats forcenés, victoire à la limite du possible, cordée définitivement bloquée au centre de la paroi, sans espoir de retour ni de secours, corps gelés, collés par la glace à la muraille, mort blanche, mort lente, de souffrance, de désespoir, chutes fantastiques, avalanches de glace, de neige, de pierres creusant de profonds sillons au centre de la paroi, broyant tout sur leur passage.

De nombreux alpinistes ont péri dans cette paroi. Une paroi à décourager les plus endurcis, les plus fanatiques, et pourtant! Pourtant, chaque année, des alpinistes de différentes nationalités gravissent cette face nord. Chaque année, la liste tragique s'allonge mais elle n'intéresse plus la grande presse. Mourir à l'Eiger est devenu, aujourd'hui, un petit événement qui n'alimente, à la saison du tourisme, qu'une presse locale et entretient la réputation meurtrière de la grande face nord. Un attrait touristique supplémentaire!

Alors, pourquoi tous ces risques acceptés pour une ascension dont on ne retire même plus le prestige de « la première »? Pourquoi affronter tant de dangers pour une ascension devenue « une classique »? Orgueil? Besoin de se valoriser? La mort, c'est quand même lourd à affronter!... Bien sûr, on part toujours gagnant. On part vainqueur. Tout au moins avec la certitude de revenir si, dans la tempête, les obstacles se révèlent infranchissables, ce qui dans cette paroi est déjà une grande victoire. Sans oublier cependant que, là plus qu'ailleurs, à moins d'être complètement inconscient, le pire peut toujours arriver.

Il est difficile d'admettre que, sans ces tempêtes qui la tourmentent, la face nord de l'Eiger serait d'un intérêt douteux pour les alpinistes. Pourtant s'il suffisait de la gravir aux heures les plus froides ou de nuit pour en éviter d'une façon absolue tous les dangers, que serait l'Eigerwand? Les tempêtes qui hantent cette paroi en font un défi suprême. Mais de là à dire que l'ascension doit se faire par mauvais temps, il y a une marge. L'Eigerwand doit être gravie, comme toutes les montagnes, dans les conditions les plus favorables. Néanmoins, quel souvenir extraordinaire pour ceux qui, trop engagés, en sont revenus indemnes. Une aventure fabuleuse!

Van Allmen, le restaurateur de la Petite Scheidegg située non loin du pied de la paroi, connaît parfaitement la face nord de l'Eiger. Non pas qu'il l'ait gravie, mais il y a observé, des années durant, les multiples tentatives, réussites et tragédies, grâce à sa longue-vue qui lui permet d'épier pendant des heures les moindres déplacements et gestes des alpinistes. Van Allmen, donc, disait un jour à Simone :

— Lorsque je vois des alpinistes s'attaquer à cette paroi, je me demande toujours « où blesse le bât ».

La croix, le bât, que je sache, n'inflige pas toujours à ceux qui les portent des blessures si profondes et douloureuses qu'il faille se lancer dans des aventures aussi risquées, franchir des parois aussi torturées pour en effacer les cicatrices. Même si c'est vrai pour quelques-uns, je me refuse personnellement à considérer la montagne comme un hôpital psychiatrique.

« Exutoire, thérapeutique », me dit Simone, lorsque nous nous lançons dans des analyses sans fin sur les motivations de l'alpinisme. Pourquoi pas amour, passion, aventure? Elle est d'accord sur les grandes lignes, mais trouve toujours quelque part un nœud qui l'engage dans des variantes nous ramenant obligatoirement au début sans jamais en voir la fin. C'est son point de vue, il n'est pas forcément mauvais. Les alpinistes, elle les écoute depuis longtemps, les observe, les voit sur un plan différent. Son opinion est souvent exacte. Elle ne se cache pas pour dire ce qu'elle pense. Ça ne plaît pas, loin s'en faut! Dans ce milieu où ne règne pas toujours la lumière, malgré l'omniprésence de celle de la montagne, ses déductions font parfois jaillir des étincelles.

Pour ceux qui partaient vers la face nord de l'Eiger et qui la gravissent encore aujourd'hui, les motivations étaient et sont multiples. Il serait présomptueux de vouloir les définir. Et présomptueux sont ceux qui parlent, qui écrivent sur le grand alpinisme sans avoir eux-mêmes gravi une paroi d'extrême difficulté au moins une fois dans leur vie. Cette lacune rend leurs propos souvent gratuits et agressifs. Une agressivité en rapport avec eux-mêmes. C'est-à-dire leur propre incapacité technique, physique ou morale, d'affronter, quand il était encore temps, une grande paroi. Un temps où manquait le courage, où la trouille toute-puissante paralysait les rhétoriciens les plus habiles. Un temps où, pourtant, il eût été bon de délaisser momentanément la plume et d'empoigner solidement le piolet.

S'il existe pour les alpinistes, à un certain moment, une frontière entre la vie et la mort qu'il faut oser franchir, elle se trouve bien dans cette paroi, à mi-hauteur. Un endroit audelà duquel revenir par mauvais temps devient plus difficile que de continuer. Alors, camarades alpinistes, malgré votre courage, votre expérience, votre force physique, il vous faudra compter sur « la chance », sur « votre chance »... « Cinquante pour cent », disait Van Allmen. Il voyait juste.

Avalanches, chutes de pierres, effondrements de corniches, le bon Dieu n'a pas le temps de s'en occuper. Les prières, les conjurations, les pires injures ne les détournent en aucun cas. Ils suivent, imperturbables, leur trajectoire. « La chance », c'est de ne pas être sur leur passage...

C'est en 1938 que la paroi fut gravie pour la première fois. Mais, au cours des années précédentes, il y avait eu des tentatives dramatiques.

En 1935, deux alpinistes munichois, Max Sedlmayer et Karl Mehringer, au palmarès brillant, entraînés par de nombreuses réussites à toutes les techniques de l'alpinisme, se sentaient de taille à s'attaquer à l'Eigerwand avec toutes les chances de succès.

De cette paroi on ne savait encore pratiquement rien, si ce n'est les chutes de pierres la criblant constamment, le mauvais temps plus fréquent que nulle part ailleurs. Du bas de la montagne, la perspective faussait toute évaluation. Les distances entre les bandes de glace, leur hauteur restaient mal définies. On les imaginait courtes, ces bandes de glace, or elles étaient longues. On croyait l'ascension à prédominance rocheuse; la glace y était aussi importante que le calcaire et l'équipement du glaciairiste indispensable. C'était là l'erreur fondamentale. Les premiers se trompèrent sur les difficultés de l'ascension comme sur sa longueur, comme sur le choix du matériel, pour en venir à bout.

Cette année-là, les prétendants à l'Eigerwand étaient nombreux. Il faut savoir que, dans ces années d'avant-guerre, en Allemagne, la récompense promise aux vainqueurs par le Führer (la croix de fer) était certainement un puissant stimulant. Je veux croire cependant, en tant qu'alpiniste, que la victoire sur cette paroi restait en elle-même, pour les protagonistes du moment, la plus belle récompense.

La présence à Grindelwald et à la Petite Scheidegg de trop nombreux conquérants incita Sedlmayer et Mehringer à attaquer la paroi sans attendre des conditions météorologiques réellement favorables.

Le 21 août 1935, à 2 heures du matin, les deux alpinistes munichois entreprennent l'ascension de la face nord. Le temps est beau. Sans marquer de temps d'arrêt, malgré les lourdes charges accrochées à leurs épaules, ils gravissent les premiers sept cents mètres. Le soir même, ils atteignent l'altitude de 2 800 mètres. Véritables maîtres dans l'art de grimper, ils suivent un itinéraire des plus élégants, juste à l'aplomb du sommet.

Le 22 août, au-dessus du socle, dans la première falaise verticale, haute d'une centaine de mètres, ils franchissent des passages d'une difficulté encore aujourd'hui exceptionnelle et, à la nuit tombante, installent un bivouac sur le bord supérieur du premier névé.

Le 23 août, troisième jour, ils surmontent la deuxième falaise et le deuxième névé. Leur progression, suivie de la Petite Scheidegg, semble ce jour-là très lente. Mais, dans cette vaste paroi, il est difficile pour des observateurs situés au pied de la montagne d'estimer les distances véritables. Seules les silhouettes des grimpeurs, minuscules points noirs, donnent une idée approximative des pentes de glace et des falaises calcaires. Un immense rideau de brouillard descend sur la paroi. On ne voit plus les deux Munichois.

Dans la nuit le temps change : pluies diluviennes sur Grindelwald, tourmente de neige sur l'Eiger, éclatement d'orages, grondement des avalanches de pierres dont les échos se répercutent jusqu'au fond de la vallée. A la Petite Scheidegg, la température descend rapidement au-dessous de zéro, entre moins sept et moins dix. Là-haut, dans la paroi, que se passe-t-il pour les deux hommes aux vêtements mouillés comme leurs cordes, durcies, raidies par le gel?...

Le 24 août, le mauvais temps persiste. On ne peut les

voir de la journée. La paroi reste cachée derrière les nuages.

Le dimanche 25 août, le ciel s'éclaircit enfin. « Incroyable », disent les touristes qui se disputent la longue-vue de la Petite Scheidegg. Malgré les conditions épouvantables, les deux alpinistes progressent vers le haut. Les nombreux observateurs ignorent encore que Sedlmayer et Mehringer ont vraisemblablement atteint leur point de « non-retour » et que se déroule sous leurs yeux le premier grand drame de l'Eigerwand. Pour les Munichois il n'y a plus que le sommet ou la mort. Mais ils sont encore loin du sommet, trop loin... Ce sera la mort...

Le mauvais temps revient. La paroi s'engloutit dans le cataclysme des orages et des tourbillons de neige.

Le 19 septembre, un pilote approche de très près la paroi. Au sommet du troisième névé, il aperçoit un homme enfoncé dans la neige jusqu'au ventre. Mort gelé, debout.

Depuis cette tragédie, le dernier bivouac de Max Sedlmayer et Karl Mehringer porte le nom de « bivouac de la mort ».

La deuxième tragédie, encore plus terrible et suivie par les inévitables spectateurs de la Petite Scheidegg, se déroulera un an plus tard, au mois de juillet.

Deux alpinistes autrichiens, Edi Rainer et Willy Angerer, et deux Bavarois, Anderl Hinterstoisser et Toni Kurz, entreprennent à leur tour l'ascension de la paroi.

En quatre jours, par un itinéraire moins direct mais astucieux qui emprunte une traversée ouverte par Hinterstoisser, ils arrivent presque à la hauteur du « bivouac de la mort ». Mais là, ils s'immobilisent un long moment, puis commencent à redescendre. Le temps reste pourtant beau. Leur progression de retour est lente, très lente. L'un d'entre eux semble handicapé. Sans doute blessé par une chute de pierres, et c'est là la raison de leur retour!

La descente s'éternise et le mauvais temps survient. Ils arrivent enfin à la traversée qui leur fit gagner un temps appréciable sur les malheureux prédécesseurs (cette traversée devenue aujourd'hui classique porte le nom de son ouvreur [Hinterstoisser]). Ils ne pourront la refaire dans l'autre sens. La pluie transformée en verglas leur interdit le passage. Dans une ultime tentative, Hinterstoisser tombe. Un peu plus haut, Rainer, prisonnier de sa corde gelée, meurt étranglé. Angerer meurt de froid, le corps collé à la paroi par la glace. Toni Kurz, dans une dernière tentative de rappel sur deux cordes attachées bout à bout, se trouve bloqué à la hauteur du nœud par son mousqueton de rappel et meurt d'épuisement à quelques mètres des sauveteurs qui assistent impuissants à la tragédie.

En 1938, au mois de juin, deux alpinistes italiens, également excellents grimpeurs, Bartolo Sandri et Mario Menti, tombent au cours d'une tentative par l'itinéraire Mehringer-Sedlmayer.

Enfin, au mois d'août 1938, l'extraordinaire exploit est réussi par une cordée austro-allemande : Anderl Heckmair et Wigger Vörg pour les Allemands, Fritz Kasparek et Heinrich Harrer pour les Autrichiens.

Ces deux cordées concurrentes, parties séparément d'Alpigen, se retrouvent dans la paroi et décident de faire équipe. En quatre jours, malgré le mauvais temps, ces alpinistes d'exception atteignent le sommet de l'Eiger. Un exploit fantastique qui, encore aujourd'hui, reste pour les meilleurs un chef-d'œuvre du genre.

Après cette prodigieuse réussite, les polémiques sur l'ascension de l'Eigerwand auraient pu s'arrêter. Tirer un grand coup de chapeau aux quatre vainqueurs eût été la moindre des choses.

Les coups de chapeau ne manquèrent pas, c'est vrai. Mais ils n'émanèrent nullement de l'Institution alpine, des milieux dits « autorisés », des membres « bien-pensants » de clubs célèbres. Ils vinrent de ces déjà « marginaux » qui savaient ce que « grimper devant » dans le difficile veut dire!

Les officiels, eux, avaient d'autres pensées en tête.

Certes, les vaincus avaient payé le maximum : ils étaient morts. Ce n'était pas suffisant. Car ces salauds avaient remis l'alpinisme en question. Il fallait réagir. Les cadavres allaient servir.

« *On l'avait bien dit! Ils étaient prévenus! Vous voyez... Allez, regardez-les! Ces cadavres sentent mauvais!* »

« *Les vainqueurs! Des miraculés, des suicidaires à rejeter. Surtout ne les imitez pas! Ils sont l'ERREUR. LA FAUTE!* »

Dans le domaine de la difficulté, le palier franchi par les quatre champions de l'Eiger avait creusé un immense abîme au niveau de la conception de l'alpinisme moderne. Un abîme qui remettait en question les critères les mieux établis dans le milieu « sacro-saint ». Une différence dès lors ineffaçable pour toute la faune des bourgeois grimpeurs, qui se trouvaient par là même amputés de leur aura de gloire. Eux qui n'existaient que par un semblant de personnalité entretenue par de vagues exploits, toujours largement en deçà du possible, et qui voulaient que leurs ascensions fussent la règle et la morale de l'alpinisme! Les fanatiques de l'Eiger n'allaient quand même pas les obliger à gravir à leur tour la face nord détestée ou toute autre paroi du même genre! Ça non alors!... Inconcevable! On va leur dire ce qu'on pense de leur sombre passion! Ils veulent des colonnes « à la une »? Ils vont en avoir!

S'ils n'en reviennent pas, on en fera des irresponsables. S'ils en reviennent, des fous criminels. Des ennemis de la bonne morale.

La face nord de l'Eiger! Ça, de l'alpinisme? Allons donc! Un jeu tordu pour enfants vicieux...

NON, ils n'étaient pas d'accord, ces grands messieurs de l'Institution! Et leurs guides non plus, leurs bons guides consciencieux au ventre rebondi, ou malingres et secs comme un coup de trique. Leurs guides paisibles qui portaient, battant le poitrail, la lourde médaille du professionnel. (Lourde de responsabilités qu'ils n'avaient jamais réellement assumées, si ce n'est dans des ascensions à leur dimension, « de série Z ».) Des guides avisés qui depuis longtemps ne les portaient plus entre les jambes, si cela leur était arrivé une seule fois, et serraient les fesses au moindre coup d'orage, à faire de l'huile avec un silex! Ils étaient surtout terriblement prétentieux et stupides comme il n'est pas permis. De ce côté, rien n'est changé. Ils sont toujours là. De très bons guides. Avec eux rien à craindre. Ils sentent venir l'orage une semaine avant et, quand ça cogne par là-haut, il y a belle lurette qu'ils sont au chaud. Aujourd'hui comme hier, toujours présents. Pour les coups durs aussi, mais dans la vallée, c'est plus sûr! Et leurs langues vont bon train. Très actives, leurs langues! Très virulentes, surtout devant un verre de rouge ou de blanc limé au bar du coin!

Les grands messieurs aussi sont toujours là. Evidemment, avec le temps, ils ont tendance à disparaître. De ce point de vue, pas de souci à se faire, des impatients attendent les places tiédissantes. Ils seront dignes, soyez tranquilles, de leurs prédécesseurs. Elle tourne, la roue, mais les hommes ne changent guère!

Sur l'Eiger, la succession de drames avait entretenu une angoisse latente. Elle persistait. Ce qu'on ne comprenait pas, ce qu'on ne voulait pas comprendre, c'est que les jeunes hommes qui se lançaient dans l'aventure étaient les adeptes d'une nouvelle école dont la philosophie était la recherche de la difficulté en tant que telle. Repousser les limites humaines, rendre possible l'impossible, tel était le but essentiel. Risquer leur vie et même la perdre était leur droit. Ils ne demandaient ni ne devaient rien à personne.

C'était aussi le droit des guides de ne pas intervenir. Parmi eux, il en était de fort braves, connaissant bien leur métier au niveau de l'alpinisme professionnel pratiqué à l'époque. Mais devant une telle paroi, ils se trouvaient impuissants. (Aujourd'hui encore, un sauvetage au niveau du deuxième névé reste des plus risqués, des plus incertains, malgré la technique, les équipements, le matériel hautement perfectionné par rapport à ceux des années trente.) Dépassés par les difficultés techniques, les guides ne pouvaient intervenir, porter secours aux alpinistes en détresse. Comment le leur reprocher? On aurait pu du moins espérer que certains d'entre eux resteraient aussi muets qu'inactifs, en refusant de se joindre au cortège des braillards et des excités.

En 1947, neuf ans après la première, la célèbre cordée française Lionel Terray et Louis Lachenal réussissait brillamment la deuxième ascension de l'Eigerwand. Par la suite, réussites et drames se succédèrent sur cette paroi.

En 1957, un sauvetage très ardu se déroula sur le mur de

l'Eiger et, contrairement à ce qui s'est passé en 1971 aux Grandes Jorasses, les volontaires qui se proposèrent pour participer à ce secours ne furent pas refoulés. Les organisateurs eurent l'intelligence d'accepter le concours des alpinistes et guides de différentes nationalités, italienne, française (Lionel Terray), allemandes, et d'autres encore.

Vingt ans ont passé. Après plus de cent répétitions, la face nord de l'Eiger a perdu son effrayante réputation, symbole de mort, mais elle conserve encore tout son prestige. Bien sûr, on sait que des alpinistes techniquement à la hauteur ont de grandes chances de réussir, et cela malgré la part du hasard, « les cinquante pour cent » de Van Allmen. Gravie en été, en hiver, à différentes reprises en solitaire, l'ascension est devenue ce qu'on appelle « une classique ». Les dangers du mauvais temps, des avalanches de neige ou de pierres persistent. Simplement on connaît mieux la montagne : le passage des avalanches, les endroits de la paroi où il ne faut se trouver en aucun cas à tel ou tel moment, etc.

Vingt ans ont passé. Le temps est venu des directes, des directissimes. L'exploit, l'intérêt nouveau, n'est plus de gravir en un temps record les parois déjà célèbres, mais de les reconquérir par des itinéraires de plus en plus rectilignes.

D'abord la « directe ». Ne plus chercher à éviter les passages les plus difficiles par de longs détours, mais suivre vaille que vaille le chemin logique, en utilisant des moyens, une technique classique au niveau du pitonnage et du matériel utilisé. Puis la « directissime » : attaquer à l'aplomb du sommet et, par n'importe quel procédé, suivre un chemin rectiligne. Le fil à plomb, la trajectoire de la goutte d'eau.

Sur une hauteur de 1 800 mètres, on se doute bien que la ligne directe ne peut être absolue. Ignorer volontairement une fissure, un dièdre situé à quinze ou trente mètres à gauche ou à droite du fil à plomb, pour percer des trous au tamponnoir dans la roche compacte, serait excessif. En revanche, tamponner sur plusieurs longueurs de cordes dans les deux premières falaises de l'Eigerwand, pour éviter des centaines de mètres de traversée sur les bandes de glace, devient logique si on pense directissime.

Mais aujourd'hui, en alpinisme, où est la logique véritable? Pour la grande majorité des humains, gravir une montagne, même par le chemin le plus facile, est déjà une hérésie. Alors, la logique... Chacun l'interprète à sa façon, avec la certitude d'avoir raison. Après tout, l'essentiel, c'est de trouver sa propre raison d'escalader les montagnes. Savoir trouver un alpinisme à sa mesure. Et se dire : « Là est ma montagne et c'est bien ainsi. »

*
**

La face nord attendait de nouveaux vainqueurs. Ils n'allaient plus tarder.

En 1961, des alpinistes allemands réussissent la première ascension hivernale de l'Eigerwand. C'était aussi ma propre ambition. Après l'expérience de la première ascension hivernale de la face nord de l'Olan en 1960, je me sentais prêt à attaquer l'Eigerwand avec toutes les chances de réussite.

C'est alors que les alpinistes allemands, voyant se dessiner la concurrence, entrèrent, sur l'initiative de Toni Hiebeler, dans le jeu du grand alpinisme hivernal et gravirent la paroi. Le meilleur d'entre eux, Heckmair, avait passé l'âge des ascensions dangereuses, mais un homme de sa trempe n'aurait été en aucun cas inférieur aux meilleurs grimpeurs actuels. On ne peut être qu'admiratif devant l'exploit qu'il accomplit avec ses compagnons, vu l'inconnu de la paroi, les équipements dont il disposait et la parfaite lucidité dans la conception et la réalisation de l'ascension. L'homme détenait en lui une volonté, une énergie, une puissance fondamentale hors du commun.

Après l'ascension hivernale de la face nord, le temps d'une voie directe était venu.

En juillet 1963, une équipe italienne attaque la paroi à l'aplomb du sommet. Elle renonce devant les difficultés de la première falaise.

Au mois de janvier 1964, quatre alpinistes allemands entreprennent l'ascension malgré de très mauvaises conditions. La paroi disparaît sous une couche de neige poudreuse. En trois jours ils atteignent seulement le pied de la première falaise. Là, ils renoncent.

Dès lors, la compétition était ouverte. L'enjeu : « La directe de la face nord de l'Eiger. »

A mon tour, j'entrai en lice, en proposant l'aventure à André Bertrand, guide à Monêtier. Je connaissais André depuis longtemps, je savais qu'on pouvait lui faire confiance.

Nous n'avions jusque-là ni l'un ni l'autre gravi l'Eiger. Mais nous en connaissions l'essentiel pour en avoir lu tous les récits. La voie Heckmair, je l'imaginais sans aucune difficulté et, lorsque plus tard je la gravirais, je retrouverais les passages, je les reconnaîtrais comme si j'y étais déjà passé.

En ce mois de juin 1964, mes finances étaient plutôt basses. Or, s'attaquer à la directe de la face nord réclame un matériel relativement important et de première qualité. Nous possédions le nécessaire technique et vestimentaire, mais il fallait le compléter, rajouter un bon nombre de pitons, deux marteaux-piolets neufs et surtout deux walkie-talkies, indispensables pour connaître quotidiennement les prévisions météorologiques. Il fallait aussi des vivres, des aliments vitaminés, riches en calories, de ceux qui se trouvent en général dans les magasins diététiques ou les épiceries fines (fines et chères!). Un engagement de huit à dix jours était à prévoir pour mener à deux avec succès une telle entreprise.

Après de savants calculs, même en réduisant au plus juste les dépenses, l'évidence s'imposait : je ne disposais pas de la somme nécessaire. Il y avait une solution : vendre la voiture. Mais j'en avais un besoin essentiel. Un représentant de commerce sans voiture (car je vendais des articles de sport pendant les temps morts), c'est quelque chose comme un fromage sans repas. Je possédais une Dauphine Renault assez récente. En la vendant et en achetant une 4 L d'occasion avec un maximum de crédit, les choses pouvaient peut-être s'arranger. L'affaire fut rapidement conclue et je devins propriétaire d'une 4 L à peu près fiable et d'une somme de deux mille francs. Mille francs pour les postes radio, mille francs pour le déplacement en Suisse, le ravitaillement, etc. Le bonheur, quoi! L'avenir assuré!

Enfin, un après-midi du mois de juin, nous arrivons à Grindelwald. Le plafond nuageux traîne à deux mille mètres d'altitude. L'Eiger est invisible. Pourtant la météo est assez bonne. Demain le ciel devrait être clair.

André lève le nez, observe les nuages, tend le bras dans une direction bien précise et dit :

— L'Eiger est là.

— Tu es sûr?

— D'après l'orientation de la vallée, oui.

— Bravo!

Et je lui rappelle le ravin des « Deux Sœurs » en Oisans, où nous faillîmes, dans notre jeunesse, nous affronter en un duel au piolet pour une sombre affaire d'orientation...

Nous garons la voiture au parking de la gare du funiculaire. Nos deux énormes sacs et tout le vrac de petit matériel que nous en extirpons ont vite fait d'attirer l'attention de quelques touristes en quête de distractions et surtout celle des employés du funiculaire. Ceux-ci, de longue date, ont appris à deviner la destination des alpinistes à la dimension de leurs sacs. Impossible de les tromper.

Au guichet de la station je demande deux allers pour la Petite Scheidegg.

— Pas de retour? me demande la caissière.

— Non, nous ne savons pas exactement quand nous redescendrons.

Je lui tends nos cartes de guides pour la réduction du prix du billet et aussi pour rasséréner son regard soupçonneux.

— Ah! vous êtes français!

— Hé oui!

— Il y a beaucoup de neige dans la paroi, dit-elle.

— Oh, on va faire un tour comme ça, pour voir.

— Vous savez, les retours sont valables plusieurs jours, dit-elle d'un air narquois.

Un peu excédé, je lui réponds :

— On peut aussi redescendre à pied. Et puis ne gaspillons pas l'argent, il peut servir à d'autres!

Elle me regarde, un peu gênée cette fois, et passe à un autre client.

A travers les prairies de l'alpage, le petit train monte vers le col. Les nuages semblent s'épaissir, devenir encore plus sombres. L'après-midi tire à sa fin. Le soleil doit être derrière les crêtes. Les quelques touristes d'avant-saison arborent des visages sans joie. Les prairies de l'Alpigen sous un plafond gris, ce n'est pas bien gai, même avec beaucoup d'imagination.

Quand nous arrivons à la station de la Petite Scheidegg, c'est pire. Là nous pénétrons carrément dans les nuages. Un brouillard épais assiège la gare. Il fait presque nuit. De rares lumières donnent au bâtiment, noyé dans la brume, un aspect fantomatique. Nous débarquons sur le quai avec notre barda. Les touristes prennent une direction précise. Ils disparaissent, silencieux dans le brouillard. L'hôtel doit se trouver par là. Nous sommes perplexes. Nous savons qu'il existe un refuge, mais où? Nous nous approchons d'une porte éclairée. Un grand type surgit devant nous.

— Où allez-vous? nous demande-t-il.

— Au refuge Maria.

— Il est là, sur la gauche du col, répond-il en nous indiquant une vague direction dans le brouillard.

— Il est ouvert?

— Oui, bien sûr. Et ces gros sacs? reprend-il, interrogatif.

— Oh... On va faire un tour à l'Eiger.

— Quelle voie?

— Eh bien... Plutôt le nord.

— Ah! Ah! ricane-t-il, je vous serre les mains avant que vous ne partiez et je vous dis adieu!

Puis il nous tourne le dos et disparaît.

— Tu as entendu ce qu'il a dit! s'exclame André.

— Ouais, j'ai entendu. Il est aussi con qu'il est grand, ce mec. Une chose est certaine, ils n'ont pas l'air de beaucoup aimer les Français dans le coin. De toute façon, ce qu'ils pensent, on en a rien à faire.

Le refuge est à quelques centaines de mètres et nous le découvrons sans trop chercher.

Au mois de juin le jour se lève tôt. A une heure du matin nous quittons le refuge. Pliés sous le poids de nos sacs, nous cherchons à nous orienter dans le brouillard, toujours aussi dense. Premier point de repère : l'hôtel derrière lequel nous devons passer d'après une carte postale que nous emportons avec nous. De là, en montant dans les prairies et en tirant légèrement en diagonale à gauche, on est sûrs de buter contre le névé au pied de la face nord. Puis, en suivant le bord supérieur du névé, nous arriverons obligatoirement à la hauteur d'un piton rocheux très caractéristique, à une centaine de mètres à droite de l'aplomb du sommet. Là, il ne restera plus qu'à attaquer tout droit, on finira bien par arriver au-dessus du brouillard. Un sac, pour une ascension de ce type, c'est très lourd aux épaules. En calculant au plus juste, on arrive au minimum de trente kilos. Sur les hautes falaises le poids ne jouera plus, on tirera les sacs à la corde. Mais, jusque-là, il faut les porter sur le dos. Les six cents mètres de gradins vont être rudement éprouvants!

Nous remontons lentement les pentes herbeuses, soucieux d'économiser nos forces. Un sourd grondement traverse le brouillard. Nous nous arrêtons et posons nos sacs.

— C'est juste au-dessus de nous, dit André.

— Nous ne sommes plus loin du pied de la paroi. Une corniche de neige. La montagne se nettoie. Quelques secondes s'écoulent et de sinistres bruits d'impacts nous parviennent.

— Tu entends, André? Une rafale de pianos à queue qui descendent.

— Des armoires normandes grand format, répond André.

Les éclatements semblent se rapprocher, se multiplier. D'abord sourds, les bruits deviennent plus clairs. Les fragments des blocs éclatés arrosent les gradins inférieurs.

— Ça va être limite, dit André.

— Il faudra pas trop traîner dans les gradins.

— A l'Eiger comme à l'Eiger!

— Tu as raison, mais accélérer c'est peut-être aussi se précipiter sous un projectile.

Aux premières lueurs du jour, nous atteignons le haut du névé. Le brouillard semble moins dense et nous découvrons le piton rocheux. Nous sortons la carte postale et cherchons d'autres points de repère pour bien définir l'endroit où nous allons attaquer le socle. Nous traversons sur le haut du névé, sans trop enfoncer dans la neige ramollie par l'humidité de la brume. Les reliefs deviennent de plus en plus précis. Le brouillard très lentement se retire, glisse vers le bas du névé jusqu'aux premières prairies. Et, soudainement, c'est le spectacle extraordinaire : la paroi se découvre. L'énorme forme se découpe dans un ciel bleu, parfaitement clair. Nous sommes saisis de stupeur devant le fantastique amphithéâtre qui s'élève en gradins. Des gradins, des marches de cent mètres de haut qui montent jusqu'au ciel. L'apparition brutale nous laisse muets. La paroi, nous l'avions imaginée grande, impressionnante, surtout effrayante. Notre préparation psychologique, technique et physique s'était déroulée loin de la paroi de même que la conception de l'ascension s'était effectuée dans les livres, les récits des autres et notre imagination. L'arrivée hier soir à la Petite Scheidegg n'avait rien de rassurant. Les adieux de ce grand con de mec à la gare nous avaient fait sourire, mais d'un sourire plutôt jaune. La nuit au refuge n'avait pas été très détendue et la montée dans le brouillard, escortée par la symphonie des avalanches, n'était pas, malgré nos plaisanteries, des plus engageantes. Bon, d'accord, il fallait y aller, réaliser le projet... Mais...

Maintenant, devant le spectacle grandiose, je sens bouillonner en moi une joie extraordinaire. L'énormité du combat me fouette. Je fais part de mon bonheur à André qui, je le sais, partage mes sentiments. Il y a, dans la sauvage beauté de cette face nord, quelque chose d'inhumain mais de stimulant. Après les brouillards gluants et les dernières vagues de nuit, se retrouver là, d'un seul coup, sur les premiers gradins de la paroi, avec la mer de nuages s'étendant à nos pieds, c'est une chose fantastique, difficile à décrire.

Nous sommes à l'entrée d'un immense sanctuaire...

Sur les premiers gradins de roches brisées, mêlées de neige et de graviers, nous montons lentement. Nos sacs ici semblent plus lourds. Ce n'est pas encore de l'escalade mais déjà plus de la marche. Les ressauts des gradins nous obligent à de courts détours afin d'éviter des efforts inutiles dans les passages sans intérêt. Il est bon d'économiser nos forces jusqu'au pied de la première falaise. La neige est plus abondante que prévue. Notre progression est lente mais régulière et, lorsque nous nous arrêtons pour poser le sac et prendre quelque repos, nous nous étonnons du chemin parcouru. Nous n'apercevons déjà plus le pied de la paroi, le haut du premier névé. Le socle est plus raide que nous ne l'imaginions vu du bas.

Au-dessus de la vallée, les nuages se diluent lentement, et bientôt apparaissent les toits de Grindelwald. Le temps est splendide, rassurant. Cette montagne n'est pas si diabolique... L'air est frais, juste ce qu'il faut pour ne pas transpirer sous le poids des sacs. Nous reprenons notre progression avec un sentiment de bonheur.

— Le sac, c'est tonifiant pour les épaules et les reins, dit André.

Vers le milieu de la journée, nous atteignons la base de la grande falaise. Après avoir posé les sacs, le nez en l'air nous observons « la chose ». Elle est de taille! Haute, compacte par endroits, striée de fissures surplombantes à d'autres. Elle n'a rien de très accueillant. Ce serait même plutôt le contraire. Cinquante mètres plus haut et légèrement à droite de notre position, les fenêtres de la station Eigerwand semblent nous narguer. Derrière les carreaux grillagés, des visages blêmes nous observent... Deux bonshommes plantés dans la neige!... Spectacle insolite!

— Regarde, André, des mecs dans une cage!

— Tu as vu comme ils sont blancs? répond André.

— Oui, ils ont l'air triste.

Nous leur faisons un petit signe de la main. Ils nous observent, toujours figés.

— C'est pas des marrants, reprend André, ils ont l'air coincé.

— Si on lançait une pierre pour les faire bouger?

— C'est trop haut, dit André, et puis, si on casse un carreau, le chef de gare ne sera pas content.

— Alors on leur fait un bras d'honneur?

— D'accord.

— Et deux bras d'honneur pour les voyageurs!

Le nez collé au carreau, ils restent stupidement immobiles.

— Tu crois qu'ils sont vivants? demande André.

— Qui sait? Il y a des vivants plus tristes que les morts.

— Tiens! ils bougent.

Dans l'épaisseur de la paroi, le train reprend sa lente reptation vers les hauteurs.

— André, tu imagines le désastre si le système de freinage venait à rompre! Tu vois un peu la descente dans le tunnel avec l'accélération constante! L'écrasement contre les murs au premier virage! Ils sont fous, ces voyageurs!

Un long craquement traverse l'espace. Quelques secondes de silence suivies de sourds bruits d'impacts. Ça tombe sur le troisième névé. De nouveau le silence, puis un grondement d'avalanche qui va en s'amplifiant.

— C'est pour nous, André, nous sommes juste dans l'axe.

— Il faut se rapprocher du pied de la falaise. Vite!

— Trop tard!... Ça passe plus à droite. Ouf!

Au sommet de la falaise, cinquante mètres à notre droite, une longue coulée de neige bondit dans l'espace. Une blanche cascade forme une arche scintillante qui, partant du sommet de la falaise, semble prendre appui sur le socle de la paroi. Des formes noires, projetées à une vitesse folle, quittent la cascade et en éclatements fulgurants rebondissent sur les gradins. Très près de nous, des sifflements aigus traversent l'air. Un nuage de particules de glace, où se mêle une odeur de poudre, de roche brûlée, nous entoure et nous glace un court moment.

— A l'Eiger comme à l'Eiger, dit André.

— Ouais, on va quand même se tirer de là. On va pas jouer les héros...

Nous montons vers une large cheminée. A sa base, une

petite cavité à fond plat, où nous posons nos sacs, offre un abri confortable.

L'accélération de notre progression dans les derniers mètres nous a mis en transpiration. Les chaleurs printanières des vallées montent jusque-là et, malgré l'ombre de la paroi, l'air est doux. Nous enlevons pulls et chemise. Une légère bise nous caresse la peau. Le temps d'un frugal et rapide repas et nous envisageons la suite.

La cheminée devient, cinquante mètres plus haut, très étroite et surplombante. A environ soixante mètres, une avancée rocheuse l'obstrue totalement. Au-delà, elle devient fissure puis disparaît dans le compact. Monter par là serait l'idéal, nous serions à l'abri des avalanches. Mais il faut se rendre à l'évidence. Après un examen approfondi à gauche et à droite, nous comprenons que seul un matériel important de tamponnoirs et pitons à expansion nous permettrait de surmonter la falaise à cet endroit.

L'itinéraire le plus logique, parce qu'il est en escalade libre et plus à l'aplomb du sommet, c'est la voie Sedlmayer-Mehringer, située cent cinquante mètres à droite. Nous avons attaqué le socle trop à gauche. Pour l'atteindre sans s'exposer excessivement aux chutes de pierres plus fréquentes avec le dégel, nous devons longer la paroi au plus près et passer sous les cascades de fonte des névés supérieurs. Maintenant, au cœur de la journée, elles coulent abondantes, grossies par tous les ruissellements sous-jacents. Nous en comptons cinq, dont deux très importantes. En moins d'une heure, la paroi s'est complètement transformée. La falaise est striée de longues rayures mouvantes, transparentes, mugissantes; le bain inévitable de la tête aux pieds, des pieds à la tête.

Nous avons au départ conditionné nos sacs en prévision des ruissellements. Les vêtements de rechange, les sacs de couchage sont dans des enveloppes de plastique. Nous y rangeons les pull-overs, enfilons pantalons et anoraks et commençons la traversée.

La première longueur s'effectue rapidement et sans problèmes malgré la neige molle sur une pente raide. Au relais, la sécurité est précaire. Il vaut mieux ne pas imaginer une glissade, la neige ne tiendrait pas. Nous sommes juste à l'aplomb et à quinze mètres des fenêtres de la station Eigerwand.

Dix mètres de neige en montée directe. Trois à quatre pitons dans une mini-fissure et nous sommes à la hauteur des fenêtres.

— André, tu crois que le chef de la station nous ouvrirait si on montait jusque-là?

— Oui, à condition de frapper doucement sur le carreau sans le casser.

— Hein!... C'est tentant...

Sous les pointes de nos crampons, six cents mètres de pente raide où explosent les blocs calcaires; quinze mètres devant nous, la station du funiculaire séparée du vide par une mince cloison de verre. Indécision fugitive!

— André, j'y vais doucement. Fais quand même attention.

Je traverse pas à pas horizontalement. La neige mouillée, pourrie, s'effondre, fuit sous mes crampons. Trente mètres plus loin, elle est toujours aussi instable. La corde entre nous dessine sur la neige une fine courbe rouge. Elle semble inutile. Si je glisse, j'entraîne mon compagnon dans ma chute. Si le relais s'effondre, André m'entraîne avec lui. Chacun de nous est responsable de l'autre. Il ne peut y avoir de gestes maladroits. S'il y a inquiétude, elle ne doit pas se révéler, se transformer en une précipitation de mouvements désordonnés, en une quelconque ébauche d'affolement. Tout doit être intérieur, invisible. Rester calme et lucide, prêt en une fraction de seconde à décider de l'action, du geste qui peut encore tout sauver. La moindre maladresse engagerait tout l'ensemble. La corde : le lien, la force de la cordée.

J'approche de la première cascade. Elle pulvérise une partie de son eau sur un rayon de cinq à six mètres autour d'un cône de neige recouvert d'une carapace de glace où se reflète le ciel. Au sommet du cône, un large cratère où le flot principal de la cascade s'engouffre bruyamment. Ce serait bien un comble de malchance d'être obligé de faire le relais là, sous la chute d'eau. Je commence à contourner le cône de neige. Sur la pellicule de glace les crampons mordent bien. Mais je sais la pellicule fragile et la neige dessous, gorgée d'eau, des plus instables. Que la mince couche de glace se brise et la neige cédera... La gorge sèche malgré le copieux arrosage de la cascade, je continue la traversée. A chaque pas j'enfonce le manche du piolet. Il traverse la glace sans effort et pénètre sans résistance dans la neige fluide. Tout juste un point d'équilibre. Au-delà de la cascade, la pente moins raide va nous offrir un relais presque confortable.

Un appel d'André :

— Trois mètres! Il reste trois mètres de corde!

— Non! C'est pas vrai!

— Si, répond André. Si tu veux, j'avance un peu.

Habituellement, dans ces cas-là, il suffit de rejoindre à quelques mètres un bon emplacement de relais. Mais ici, dans ma position plus que précaire, demander à mon compagnon d'avancer serait multiplier le risque par deux et seulement pour éviter de se mouiller. Soyons sérieux!

— Attends un instant, André, je monte sur le cône.

J'atteins rapidement le haut du cône. Je rentre une jambe dans le cratère de glace et, l'autre à l'extérieur, m'assieds sur la bordure de glace. La tête baissée, le cou dans les épaules, je crie à André :

— Tu peux y aller, mais fais vite!

L'eau martèle le casque et mes épaules. De petits graviers, drainés du haut de la falaise par la cascade, rebondissent dans un bruit sec sur le plastique du casque. L'eau pénètre par l'ouverture de la cagoule, ruisselle le long du dos, des bras et des jambes. En quelques minutes je suis trempé jusque dans les chaussures. C'est un habit de scaphandrier qu'il me faudrait. J'en viens vite à claquer des dents.

— Dépêche-toi, André!

— J'arrive, j'arrive!

Bien cramponné à la tranche de glace, j'amène la corde à courtes brassées. André atteint la base du cône.

— Traverse, André, continue jusqu'au prochain relais.

— D'accord, j'y vais.

Le temps qu'il atteigne le relais — il fait le plus vite possible —, je n'ai plus un centimètre de peau qui ne soit mouillé. Je quitte enfin ma monture de glace et, encore grelottant, rejoins mon compagnon.

Sur la longueur suivante, André découvre à son tour les joies d'un bain sauvage.

A 3 heures de l'après-midi, nous sommes à proximité de la voie Sedlmayer-Mehringer. Une terrasse sous un auvent rocheux nous invite à un repos prolongé. Nous retirons chaussures et vêtements, suspendons le tout sur une corde entre pitons. Assis dans nos sacs de couchage, la veste de duvet sur les épaules, nous prenons un deuxième repas léger.

J'allume une cigarette, ce qui déclenche aussitôt chez mon compagnon une quinte de toux.

— Allons bon! c'est moi qui fume et c'est toi qui tousses.

— Tu ne pourrais pas aller polluer l'air un peu plus loin? me répond-il.

— Aller où, André? Tu ne crois pas que tu en remets un peu?

— C'est comme ça, la fumée me fait tousser.

— Pourtant, ce n'est pas l'air qui manque! Crois-moi, c'est psychique, pense à autre chose, ça va passer.

Après avoir réglé nos petits différends sur les problèmes de la nicotine (dont je n'abuse pas), nous examinons ce qui nous attend plus haut.

La falaise en cet endroit n'est pas surplombante mais verticale. Le rocher est en partie sec. Les fissures, les prises (aspérités de la roche) semblent solides. Conditions rares dans la face nord de l'Eiger. Les premiers cinquante mètres paraissent très difficiles. Sedlmayer et Mehringer étaient vraiment de très forts grimpeurs.

— Ils n'ont pas molli, dit André.

— Tu as raison. Avec les cordes de chanvre et les pitons du moment!... Pour avoir osé attaquer là, ils méritaient de réussir.

L'état de nos vêtements, qui ne sèchent que très lentement, nous incite à bivouaquer sur place. Pour le premier jour, ce n'est pas si mal. L'enneigement de la paroi est encore considérable, et les « armoires normandes », comme les appelle André, continuent à pleuvoir. La paroi, en ce mois de juin, est dans sa période de déneigement. Ce n'est pas l'époque idéale pour se lancer dans une aussi grosse entreprise, mais nous n'avons pas le choix : dès le début juillet, nous devons répondre aux engagements de nos clients. Il faut tenter notre chance maintenant.

La nuit se passe assez paisiblement. Seuls, par moments, des bruits stridents qui traversent l'air au large de notre bivouac.

— Ce qui tombe ne sera plus à tomber, dit André, l'oreille aux aguets.

— Oui, mais là-haut il y a des réserves et pour un bon paquet de siècles!

De quoi demain sera-t-il fait? Dans cette paroi, nul ne peut prédire l'avenir. On est là parce qu'on a bien voulu y venir. Voilà ce qu'il faut se dire.

Dès les premiers mètres, ce que nous pensions des deux alpinistes munichois se révèle exact. L'escalade est exposée et difficile. Il est impossible de grimper avec des sacs lourds. Nous les tirons à la corde à chaque longueur. Par endroits, le rocher est verglacé. Vers la fin de la matinée, le verglas commence à fondre et sur les dalles, sèches hier soir, l'eau ruisselle abondamment.

La température est montée de quelques degrés. Les avalanches deviennent plus nombreuses. Elles se rapprochent et nous inquiètent sérieusement.

Aux environs de 16 heures, à quarante mètres sous le premier névé, nous prenons pied sur une terrasse horizontale, longue de deux mètres, large de quatre-vingts centimètres. Une dizaine de mètres plus haut, à notre verticale, un toit nous protège des chutes de glace et de pierres. Sur le premier névé, les bruits d'impacts se font plus rapprochés. Il est impossible de remonter le premier névé aujourd'hui.

Dans cette falaise, la terrasse, à l'abri des avalanches, nous apparaît, malgré ses quatre-vingts centimètres de large, comme un havre de confort. Après avoir dégagé la neige, nous disposons d'un excellent emplacement de bivouac. Il suffit de comparer cette modeste surface à la trop fréquente marche de la largeur d'une fesse, dont il faut changer toutes les vingt minutes jusqu'au jour, pour admettre que notre terrasse est réellement très bien. (Les hamacs n'étaient pas encore utilisés en montagne.)

Aux deux extrémités de la tente nous plantons un piton. La voilà installée. En hauteur et en longueur, ça va. En revanche, avec son mètre de large, elle est un peu grande et le tapis déborde légèrement sur le vide.

Attachés chacun à un piton sur un brin de trois mètres, nous nous glissons à l'intérieur avec les sacs. Là, ça se complique. Il ne faut ni déchirer la toile, ni perdre le matériel, ni tirer trop sur les pitons, ils ne sont pas des meilleurs. Un coup de casquette ne suffirait pas à les arracher, mais deux...

Après un bon nombre de reptations, de contorsions, de protestations parce que l'un ou l'autre prend trop de place, nous nous trouvons enfin installés dans nos sacs de couchage, les jambes repliées sur le côté : une position favorable aux crampes après deux jours d'escalade.

Nous installons le réchaud entre nous. Là aussi, pas de gestes brutaux ou maladroits. Il n'est rien de plus désagréable que de voir une bonne gamelle de bouillon, de café ou de thé se renverser alors qu'on l'imagine déjà coulant délicieusement dans le gosier! Non seulement on perd le précieux liquide, mais en plus il se répand immanquablement sur les sacs de couchage, réduisant de façon désagréable le volume du duvet tout en augmentant son poids!

Nos vêtements sont encore humides. En les gardant sur nous, demain ils seront secs. Nous sommes plus inquiets pour les chaussures. Le feutre des chaussons intérieurs est encore tout détrempé. L'eau, en coulant le long des jambes, a, par capillarité, par l'intermédiaire des bas de laine, pénétré jusqu'au fond des chaussures. Il est indispensable qu'elles soient sèches pour demain. Nous passons une partie de la soirée à les maintenir au-dessus du réchaud allumé.

Avec l'évaporation, la tente se transforme en bain turc. Un brouillard dense envahit l'abri. Je ne vois plus André assis à moins d'un mètre de moi. J'en profite pour vite allumer une cigarette. Des raclements de gorge, suivis de vagues protestations à l'encontre de la vapeur d'eau qui semble nocive en altitude, ne tardent pas à se faire entendre. Je m'évertue à expliquer à André, tout en tirant sur ma cigarette, que les différences de température additionnées à l'humidité peuvent effectivement provoquer des irritations de gorge, voire un rhume et même une mauvaise grippe. Nous ouvrons les portes aux deux extrémités; vapeur et fumée s'échappent, absorbées par l'air froid descendant des hauteurs. Je jette ma cigarette, suis du regard la petite lueur rouge qui s'enfonce dans la nuit. La toile de nylon se couvre lentement de givre.

— Quelle journée! dit André. On est mieux là que sous les cascades! Nous voici lavés pour huit jours!

— Huit jours, juste le temps d'arriver au sommet, si le temps veut bien rester au beau... Demain soir, nous devrions être sur le troisième névé.

5 heures du matin. André sort la tête par l'orifice de la tente.

— Oh! le brouillard. On ne voit plus rien, dit-il.

Je sors la tête à mon tour. Une brume épaisse diffuse une aube triste et grise.

— Ça va se lever dans une ou deux heures. Le temps de prendre le petit déjeuner et de faire les sacs.

— Oui, dit André, c'est un nuage qui s'est posé sur la paroi pour la nuit.

A 7 heures, nous franchissons le surplomb au-dessus du bivouac. Des stalactites de glace, formées au cours de la nuit, se brisent sur notre passage. Elles tombent dans un froissement de cristal. Le verglas est abondant. Les ruissellements se sont figés aux heures froides. Dans quelques heures, toute cette matière va se mettre en mouvement. Ce sera l'heure des avalanches de glace et de pierres provenant des parties délitées de la paroi, des pentes de neige et de roches brisées des couloirs au-dessus de l'Araignée.

A 10 heures, nous atteignons le haut du premier névé, la base de la deuxième falaise. Le plafond gris stagne toujours à la même altitude. Un pâle soleil éclaire les toits de Grindelwald. Ce n'est plus le brouillard, pas encore le mauvais temps. Tout peut s'arranger, basculer dans un sens ou dans l'autre, vers le beau ou le mauvais. Que faire? Attendre que le temps se précise? Continuer? Notre hésitation ne sera pas longue. Le ciel décide pour nous. Très vite nos espoirs s'engloutissent dans le cataclysme habituel à l'Eiger. D'abord une longue zébrure blanche traverse le plafond nuageux, suivie d'un coup de fouet sec amplifié par l'écho des murailles. Nous voyons, le spectacle est étonnant, une nappe transparente piquetée de millions de petits points blancs fondre sur nous. La grêle... Il fait encore beau à Grindelwald! Soleil à la Petite Scheidegg! En quelques secondes la grêle crépite autour de nous. Les grêlons rebondissent sur la muraille, sur nos casques. Une multitude de petits bruits sur des notes différentes, appuyés par le roulement et le fracas de l'orage qui cogne dans les hauteurs. Des corniches s'effondrent. Des blocs de calcaire s'enfoncent dans les névés. Bruits sourds, éclatements, batteries d'un orchestre fantastique. La symphonie extraordinaire, la symphonie de mort de l'Eigerwand. Aucun abri, aucun auvent ou anfractuosité de rocher pour se protéger. La deuxième falaise n'est pas assez haute pour que les projectiles, catapultés comme sur un tremplin par les névés et les bandes de glace supérieures, passent au large de notre position. Les trous d'impacts surgissent un peu n'importe où autour de nous. Le danger est plus que pressant! Il faut partir au plus vite. Poser les rappels, fuir en espérant que tout se passera pour le mieux!

La neige succède à la grêle. Puis c'est une pluie battante et à nouveau la neige et la grêle. Bientôt, sur le névé, des rigoles se forment, charriant une sorte de pâte, mélange de fonte de neige et de pluie.

Nous retrouvons la terrasse du bivouac. Le rocher a pris un ton noirâtre. Le gel et la fonte l'ont rendu gluant. Nous plongeons dans des rappels vertigineux. Sous la pression des descendeurs, les cordes chargées d'eau ruissellent sur nos jambes. Aller vite est notre souci principal. Aller vite mais sans commettre l'erreur, la négligence insignifiante qui brusquement enfante le drame.

Au pied de la première falaise, là où nous avions passé une nuit si confortable, nous nous arrêtons un instant. Les cheveux collés sur le visage, la peau des mains gonflée par l'eau, aussi mouillés que les profondeurs d'un lac mais enfin détendus, nous nous regardons en riant.

Le réchaud est sorti du sac. Un café brûlant nous réchauffe l'intérieur et la descente reprend. Sans nous en rendre compte, (nous l'apprendrons un peu plus tard), nous passons à dix mètres du tunnel qui, pénétrant dans la montagne, rejoint le funiculaire. Nous aurions pu regagner la station Eigerwand, prendre le petit train, évitant ainsi six cents mètres de rappels sous l'orage.

Nos sacs ont doublé de poids, c'est à croire que l'eau de l'Eiger a des propriétés différentes. Malgré les sacs de plastique, duvets et vestes sont gorgés d'eau. Plus rien n'est sec. Sur le socle, de nouveau exposés à la canonnade, nous ne sommes pas effrayés, mais conscients du danger. Que faire d'autre si ce n'est descendre au plus vite?

Pour nous, cette retraite est instructive. A l'Eiger rien n'est pareil qu'ailleurs. Une expérience nouvelle qui nous permettra de revenir mieux informés, plus conscients, plus solides...

La pluie a cessé. Sur les hauteurs, les roulements d'orage s'espacent. Dans les petites goulottes, les fractures communiquant d'un gradin à l'autre, nous nous glissons rapidement. Nous avançons ensemble, l'un derrière l'autre. Brusquement, André s'arrête.

— Que se passe-t-il?

— Viens voir, René. Viens voir ce que je vois!

Je n'ai pas oublié son expression, tant la chose était horrible.

Sur une marche de calcaire recouverte de gravier noir, une chaussure en cuir jaune surmontée d'une guêtre en nylon rouge et... la tête d'un tibia dépassant de la guêtre... Une chaussure italienne, une guêtre française. Le pied dans la chaussure, le tibia qui dépasse de la guêtre, de quelle nationalité? Allez savoir!

Vingt mètres plus bas, l'autre jambe. Malgré l'habitude, le cœur se serre.

Muets, nous continuons la descente. Je ne peux m'empêcher d'imaginer la chute. Le corps rebondissant dans l'espace, les membres désarticulés... La nausée. L'Eiger, c'est aussi ça...

La fatigue oubliée dans la tension d'une longue descente dangereuse resurgit. Le corps frissonne. Six heures de neige, de grêle, de pluie épuisent plus que cinquante kilomètres de marche avec un sac lourd. Il ne faut pas rester sur cette vision macabre, laisser l'esprit cavaler. En rire! Voilà... Nous devons *en rire!*

— Quelle drôle d'idée! Paumer ses jambes! Encore un mec pressé de descendre. Il courait plus vite que ses jambes...

— Nous sommes des ingrats, dit André après un instant de silence, notre porte-monnaie est à sec et nous refusons le cadeau de la providence, la manne qui tombe du ciel!

— Quel cadeau?

— Une paire de chaussures et de guêtres toutes neuves!

— Si tu veux, on remonte les chercher!

— Non, il va bientôt faire nuit.

Eclats de rires sans joie... suivis d'une vague lassitude.

A la nuit, nous atteignons le refuge Maria. John Harling nous y attend.

L'Américain John Harling était un alpiniste de première force. Au-delà de son amour pour la nature et la montagne, il avait une passion absolue pour l'Eiger. Il l'avait gravi en été par l'itinéraire Heckmair, avait fait une tentative en hiver et d'autres pour la directissime. Par la presse il avait appris notre présence dans la paroi. A l'Eiger le secret est impossible, tout ce qui se passe dans la paroi est trop visible.

Impatient, John est venu à la Petite Scheidegg observer notre progression, puis notre retraite sous l'orage. Cet échec, c'est évident, ne l'attriste pas. Et, lorsque je manifeste mon intention d'un second essai très prochain, il devient silencieux et pensif. Puis il nous dit avoir entreposé, au cours d'une tentative, des vivres de réserve quelque part au pied de la première falaise; il doit, ajoute-t-il, revenir avec un compagnon de cordée dès les premiers jours de beau temps. Il ne propose pas de se joindre à nous. Je respecte sa volonté, sa discrétion sur ses intentions précises. Aussi, de mon côté, je ne lui offre aucune association pour la prochaine tentative.

Le lendemain, le mauvais temps est définitivement installé sur tout le massif. Rien à espérer avant une semaine. Nous rentrons à Chamonix sous la pluie. André regagne la vallée de la Guisanne. La montagne est affaire de patience. Notre patience durera huit jours.

***

Enfin le soleil! Un ciel bleu merveilleux s'étend jusqu'aux horizons. Les sommets sont à peine blanchis. Les températures n'ont guère baissé en altitude. André est de retour. Nous reprenons la route de Grindelwald. Simone nous rejoindra dans quarante-huit heures. Depuis le refuge Maria, elle nous transmettra par radio, chaque jour, matin et soir, les prévisions météorologiques.

A la Petite Scheidegg nous retrouvons un John Harling désespéré. Il est seul. L'alpiniste qui devait faire cordée avec lui s'est désisté au dernier moment. Par téléphone il vient de lui dire que l'Eiger était un trop gros morceau pour lui. Et John est là, infiniment triste, avec un énorme sac de matériel.

Que dire si ce n'est : « John, viens avec nous. On s'arrangera au mieux. »

Une cordée de trois est moins rapide, moins mobile qu'une cordée de deux. John le sait. Il ne veut pas s'imposer.

— Allez, John, viens avec nous. Les manœuvres de cordes, c'est notre affaire, on ne perdra pas de temps.

La tristesse s'efface. Son visage s'éclaire d'un sourire grave.

— O.K. René, je viens avec vous.

Ce soir, la paroi reste silencieuse. Pas d'avalanches ni de chutes de pierres. De grandes traînées blanches plaquées sur les hautes falaises lui donnent un aspect spectral. Nous l'observons sans la défier, conscients des épreuves qui nous attendent. Nous nous sentons forts. Mais, bon sang, que le ciel soit avec nous! Deux fois plus de difficultés en échange du beau temps!

Mais le beau temps à l'Eiger, c'est bien trop demander.

Légère et froide, la première bise du petit matin remonte les pentes du socle. Figée par le froid de la nuit, la paroi reste silencieuse. Pas le moindre craquement, pas le plus infime impact. Pour quelques heures encore le danger reste limité.

Le dos arrondi et déjà humide sous les charges, nous montons à l'aplomb du sommet, là où, dix jours plus tôt, nous avions fui sous l'orage. A notre droite, le pilier calcaire, nageoire dorsale d'un monstre imaginaire, se découpe dans le ciel. Lentement il s'enfonce derrière nous, se confond avec les pentes inférieures. Les cordes pliées sur les sacs, nous montons sans leur sécurité, chacun pour soi, à la recherche du passage le plus sûr, le plus facile. Le plus facile peut prendre pour chacun un aspect différent. La taille du grimpeur, son poids, sa morphologie, sa conception de l'escalade sont autant de facteurs qui l'amènent à se sentir plus à l'aise dans tel passage que dans tel autre.

André grimpe selon ses principes, en professionnel habitué aux responsabilités, à la sécurité du client; et si par moments il effectue quelques pas un peu fantaisistes, c'est davantage pour éprouver un sentiment de légèreté que pour crâner.

John, plus habitué aux techniques californiennes, au rocher pur, attaque de front les délicates corniches récemment formées qui ourlent les gradins de calcaire. Il m'effraie lorsque je le vois, tenant son piolet à manche court qu'il utilise comme un poignard, franchir les fragiles surplombs. Parfois ils s'effondrent sous son poids et il se rattrape in extremis. J'en ai froid dans le dos! Lui, non. Imperturbable, il poursuit sa progression jusqu'au prochain gradin et le franchit de la même façon.

Je préfère, lorsque le terrain le permet, contourner par quelques pas à gauche ou à droite ces dangereux obstacles. Eviter tout effort inutile au cours de cette première journée, me réserver pour le centre de la paroi où tout se jouera, est mon principal souci. Je maintiens, endiguée en moi, une énergie latente.

Des appels nous surprennent, nous immobilisent un instant. A une centaine de mètres, venant des parties droites de la paroi, deux silhouettes montent dans un axe parallèle. Nous répondons par des signes de mains. Ils infléchissent leur progression vers nous. Nous obliquons légèrement dans leur direction. La jonction se fait cinquante mètres plus haut.

Deux alpinistes suisses, prévenus de nos intentions par Van Allmen, se sont littéralement précipités dans la face nord, eux aussi pour la directe. Ils sont partis en catastrophe. L'un d'eux a oublié ses guêtres et le faible volume de leur sac ne fait pas très sérieux. Ils envisagent de monter par la voie Heckmair jusqu'au troisième névé et, de là, droit au sommet. Les premiers mille mètres ne sont pas compris dans leur directe. Bien sûr, en montagne, chacun est libre et maître de son choix. Quand même on peut se poser des questions! Eux non! Leur idée sur la directe, c'est ça!

A trente mètres sous la falaise, posé sur un rocher, un scalp avec des cheveux roux, des lambeaux de vêtements pris dans la neige. Tristes reliques...

Le soir même, alors que nous installons le bivouac sur la vire de la première falaise, les deux Suisses regagnent la vallée.

A trois le bivouac est plus étroit. Le rocher est sec, le ciel clair. Nous ne montons pas la tente. Les bruits de la vallée, mélodie de la vie, viennent jusqu'à nous, étrangement présents. Les premières étoiles apparaissent. Les derniers blocs s'effondrent. Une nuit délicieusement froide fige lentement la paroi. Demain il fera beau.

Le lendemain, à l'aube, le temps est effectivement beau. Pas le moindre nuage. Il fait froid, c'est de bon augure. Bien reposés, malgré l'inconfort du bivouac, nous attaquons tôt.

Sur les neiges dures du premier névé les crampons tiennent bien. Nos sacs lourds, auxquels nous sommes maintenant habitués, ne nous gênent pas trop.

A 15 heures, le deuxième mur est franchi. Nous abordons le deuxième névé, une zone dangereuse où les impacts de pierres ont creusé de nombreux entonnoirs. 15 heures au mois de juin, l'heure où la température est la plus élevée. Des ruissellements, des glissements légers, une multitude de petits bruits différents se font entendre.

Inquiets, nous observons le haut de la paroi. Des masses blanches, énormes stalactites de glace, corniches de neige pendent un peu partout sur les hautes murailles. Un danger mortel, permanent, tant que nous serons sur ce névé. Je monte de quarante mètres en diagonale à gauche. La neige devenue molle colle sous les crampons. La joie du matin, où nous grimpions, sûrs de nous, sur une bonne neige à crampons, fait place à une anxiété difficile à dissimuler.

— A bout de corde! crie André.

Je dégage la neige pour trouver la glace dure et y enfoncer un solide piton. John me rejoint rapidement.

— Il ne faut pas planter de broche, me dit-il. Il faut aller vite. Assurer sur le piolet.

— John, il est trop tard pour aller vite. Dans cette neige foireuse le piolet ne tiendrait pas.

John n'est pas d'accord.

— Ici il ne faut pas grimper en professionnel, dit-il. Il faut monter sans s'assurer.

— Sur la neige dure, oui. Aux heures froides, oui. Maintenant, non. Si un pain de glace descend, nous partons en bas tous les trois.

— Si on ne met pas de broche à glace, on reste moins longtemps sur le névé.

— Tu as raison, John, mais alors il faut monter décordés.

John est têtu. Il est, aussi, bon technicien. La conversation pourrait se prolonger, quand, tout à coup, un bruit de rupture que nous connaissons bien nous fait sursauter et, dans le même temps, nous glace jusqu'aux entrailles. Deux cents mètres au-dessus de nous, une corniche vient de céder. C'est pour nous, elle ne passera pas à côté. Habitués aux réflexes rapides, nous vérifions notre attache sur la broche. Un coup d'œil sur la corniche. Elle grossit rapidement, fonçant sur nous dans un effrayant bruit d'air froissé. Nous nous plaquons sur la pente pour offrir le moins de prise possible à l'avalanche.

L'émotion est fulgurante. Je sens physiquement les pulsations de mon cœur dans ma poitrine. A cet instant où en trois secondes tout peut s'achever, les idées défilent, claires, précises dans la tête. Malgré la frayeur, j'analyse ce qui va arriver. L'avalanche ne passera pas à côté, c'est une certitude. Ou elle tombe droit sur nous et c'est l'écrasement contre la pente, ou elle se divise en gros fragments et l'un d'eux va nous heurter de plein fouet, la broche ne résistera pas à une telle pression, ce sera le grand saut... André, quarante mètres plus bas à droite, ne tiendra pas le choc — les cordes sont solides mais les pitons du relais céderont, je les ai plantés, je sais donc ce qu'ils valent —, il fermera l'envolée vers les bas-fonds, même s'il n'est pas d'accord, et il ne l'est pas...

A moins que la corniche ne se pulvérise dès le premier impact et, transformée en coulée de neige, ne glisse pardessus nous. Notre seule chance!

Cinquante mètres plus haut, la corniche explose, devient torrent. Gonflée par les neiges du névé, elle bondit droit sur le relais. André nous voit disparaître dans ce torrent de neige. Simone, arrivée le matin à la Petite Scheidegg, nous observait à la longue-vue. Elle a vu partir la corniche... Puis sur le névé plus rien... Elle a pensé que nous avions été arrachés à la pente, emportés dans le vide...

Lancée à une vitesse folle, l'avalanche nous comprime contre la paroi. Portés par le flot, des blocs de neige dure nous frappent aux épaules, heurtent violemment les sacs, nous renvoient en arrière. La neige se glisse entre nous et la pente. Pendant un court instant nous flottons sur la coulée, suspendus à la broche qui résiste à la pression. La pente s'immobilise enfin!...

Debout sur le névé, nous nous regardons, étonnés d'être encore là... Ouf! Quel suspense, quelle peur pour Simone, André et nous!

— Alors John, la broche!

— Tu as bien fait de la planter, répond John.

— A trois sur la broche, je ne sais pas si elle aurait tenu... Bon, je continue. Tu fais monter André. Dès que je serai à bout de corde, tu montes.

Sans marquer de temps d'arrêt, je fais les quarante mètres suivants. Les dangers suspendus dans la muraille me donnent des ailes. Je ne sens même plus le poids du sac.

La corde à peine tendue, John quitte le relais. Cette fois, nous montons selon sa technique. Par moments je plante quand même une broche. En arrivant à la hauteur de celle-ci, John retire ma corde et passe celle qui le relie à André. En montant, ce dernier récupère les broches.

Au sommet du névé, sur les premiers rochers, un vieux piton rouillé. Après avoir vérifié sa solidité, je mousquetonne la corde, non sans soulagement. John et André me rejoignent. Nous sommes un peu moins exposés aux avalanches, néanmoins les risques ne sont pas totalement exclus. Soixante mètres à gauche, une petite avancée rocheuse surplombe le haut du névé, nous y serons à l'abri de tous dangers objectifs. Suivi par John, je traverse sur le névé jusqu'à l'abri. André laisse filer les cordes. D'énormes glaçons se décrochent encore et s'enfoncent dans la neige très près de nous.

Sous l'avancée, deux pitons rouillés restent dans nos

mains lorsque nous les saisissons. Nous les remplaçons par d'autres, mieux adaptés aux rares fentes du rocher.

Il est 16 h 30. Nous disposons encore de belles heures avant la nuit. Mais les chutes de glace continuent et, malgré notre impatience, la prudence commande d'en rester là pour aujourd'hui.

Après avoir amarré solidement nos sacs à un piton, nous aménageons, à coups de piolet, une terrasse dans la glace. Ce soir, nous monterons la tente de bivouac. A 3 300 mètres, la nuit sera fraîche et humide. L'eau suinte sur la bordure de l'avancée et, sous le plafond rocheux, des gouttières se forment. Nous sommes à l'abri des chutes de glace, pas de l'eau. On ne peut pas tout avoir!

La terrasse s'élargit, devient presque confortable lorsque la lame de mon piolet s'accroche à quelque chose; une ceinture de cuir... La glace, en transparence, est anormalement sombre.

— Bon sang, qu'est-ce que c'est?

André et John s'arrêtent de tailler et examinent le bout de cuir... Je passe la lame du piolet sous la ceinture et tire sur le manche pour l'arracher. Elle reste prise autour d'une masse figée sous la glace.

— Bon, ça va, j'ai compris. Pour la terrasse on en reste là... Elle est assez large. Il vaut mieux ne pas en savoir davantage.

— C'est ça l'Eiger, dit John.

— On allume le réchaud, dit André, un bon thé nous fera le plus grand bien.

Le soir, par radio, Simone nous dit ses inquiétudes de l'après-midi.

— Que s'est-il passé? Vous n'êtes pas blessés?

— Mais non, mais non, ce n'était qu'une petite coulée de poudreuse.

Ça prend ou ça ne prend pas...

La météo pour le lendemain est nébuleuse. Genève annonce le beau temps, Zurich une possibilité de perturbations. Demain matin, à 6 heures, ces prévisions seront plus précises. Pour le moment, le ciel est clair, il fait froid, les gouttières gèlent.

— Genève se trompe rarement, dit André.

J'abonde dans son sens.

John est soucieux, il connaît l'Oberland et dit que Zurich ne se trompe jamais. Alors...

On verra demain. Ce soir, c'est toujours le grand beau.

La nuit se passe dans un confort relatif. Moitié couchés, moitié assis sur un côté et sur l'autre. Le doute sur le temps. Et puis cette « chose » dans la glace, sous le bivouac...

6 heures du matin : le temps est clair, brise du nord. Il fait froid. Simone nous transmet les prévisions : Genève beau, Zurich mauvais. C'est à n'y rien comprendre. Mauvais temps! Mais il est superbe, le temps! Patiente, Simone retéléphone à Zurich et à Genève. Elles nous retransmet les mêmes prévisions. Beau temps pour Genève. Pour Zurich mauvais temps. En fin de matinée, orage, neige, etc.

Qui faut-il croire? Le choix n'est pas facile. Le ciel clair, le froid, toutes les conditions semblent réunies pour croire Genève et nous sommes au pied du mur qui conduit à l'Araignée. Nous savons que des alpinistes allemands sont montés par ce mur presque à la hauteur de l'Araignée, donc techniquement rien d'impossible. Il nous faut quatre jours de beau. Après, nous serons trop haut pour redescendre, donc obligés de sortir au sommet.

Alors que faire? Il faut prendre une décision et vite. La descente n'est pas une petite affaire.

Nous attendons encore une heure. Nous attendons un signe du ciel nous disant : il faut fuir. Descendre sous un ciel aussi pur, après avoir hissé nos sacs jusque-là, après avoir gravi mille mètres de paroi, c'est impensable! Descendre et se retrouver dans la vallée ensoleillée!...

Alors... Alors, nous décidons de descendre. Le risque est trop grand en cette saison. L'orage, la grêle, la neige, l'eau, les corniches et les pierres qui vont se mettre en mouvement, c'est plus qu'il n'en faut pour nous rayer du monde des vivants! On n'est pas si mal sur terre, essayons d'y rester encore un peu.

Le doute dans l'âme, nous posons les rappels. En les utilisant en main courante, nous atteignons rapidement le bas du névé. A l'ouest, à l'est, le ciel est parfaitement clair. Au-dessus de l'Araignée, un tout petit nuage blanc, insignifiant, apparaît, se dissout puis renaît. Apparemment rien d'inquiétant. Quand nous prenons pied sur le premier névé, le nuage a pris des proportions démesurées. Le haut de la paroi disparaît dans la brume. La météo de Zurich avait raison.

Le temps se dégrade rapidement. Des nuées sombres s'effondrent, l'orage prend des allures de tempête. Sur les hautes murailles, des cascades de grésil, agitées par les turbulences, se déforment en longues ondulations. Tout recommence... Corniches de neige, blocs de glace, de calcaire, bruits sourds d'écrasements, d'éclatements...

Négligeant un peu trop les procédés d'assurage, nous précipitons la descente pour échapper aux déjections de l'Eigerwand.

Assis sur la terrasse de bivouac de la dernière falaise, deux alpinistes italiens, Ignacio Puissi et Roberto Sorgatto, préparent tranquillement le thé malgré le déluge.

Les derniers six cents mètres du socle, cette fois nous ne les descendrons pas. John nous conduit vers l'entrée du tunnel. Nous poussons une porte de bois et pénétrons dans la tiédeur d'une galerie éclairée. Un profond silence succède aux clameurs de l'orage. Le contraste est extraordinaire; pousser une porte, quitter la paroi et ses dangers pour trouver la sécurité à l'intérieur de la montagne!

Je pose mon sac et retourne sur le seuil. Les bruits resurgissent. Les rafales de vent balaient la paroi en véhiculant les grésils et les pluies qui crépitent sur la roche.

Ignacio et Roberto atterrissent en rappel devant l'entrée du tunnel, ruisselants de pluie et de neige. Ils sortent de la paroi comme des scaphandriers de l'océan.

Le soir, en retrouvant Simone à la Petite Scheidegg, nous mettons fin à ses frayeurs!

Pour moi, la directe s'arrête là. Mon métier de guide, mes activités professionnelles vont, pendant quelque temps, m'éloigner de l'Eiger.

Au cours de l'hiver 1966, une expédition composée d'alpinistes anglais, américains et allemands réussissait la directe de la face nord. Les alternances de beau et de mauvais temps prolongèrent l'ascension de plus d'un mois.

Entre le troisième névé et l'Araignée, John Harling devait se tuer. Une corde fixe de sept millimètres, usée par le frottement sur la roche, se rompit sous son poids.

⁂

Juillet 1969

En pleine forme, les yeux brillants, Janine arrive à Chamonix. Au cours du printemps, elle a escaladé un maximum de voies sur les falaises calcaires, du Saussois aux Calanques en passant par le Vercors.

Depuis trois semaines, le ciel, sur le massif du Mont-Blanc, est d'un bleu limpide. Encore pas mal de neige dans les faces nord, mais le temps est stable. Un des grands projets de Janine : la face nord des Grandes Jorasses par l'éperon Walker, la voie Cassin. L'éperon est plaqué de nombreuses et larges taches de neige, mais nous savons qu'une cordée allemande est passée quelques jours plus tôt. Donc ça passe.

Le premier jour, nous bivouaquons au-dessus des Dalles Noires. Le lendemain, le sommet à 15 heures.

Janine est comblée. Elle a gravi la face nord dans un style impeccable. La joie pure de l'escalade sous un ciel d'une transparence divine.

La neige est encore haute dans la face sud, itinéraire de descente. Dès les premiers pas, nous enfonçons jusqu'aux cuisses dans une neige lourde, instable. Les risques d'avalanche sont évidents. Une trop grande précipitation pourrait bien transformer une aussi belle journée en tragédie. Nous décidons de bivouaquer au sommet. Demain, aux premières heures du jour, sur la neige dure, la descente sera sans problèmes.

Pour Janine, c'est la première course de la saison et pas n'importe laquelle! Elle a réussi enfin sa face nord des Jorasses. Elle éclate de bonheur et se sent solide comme un roc. Aussi ne suis-je pas surpris, je m'y attendais un peu, lorsqu'elle me dit :

— René, je veux faire la face nord de l'Eiger.

— D'accord, Janine, nous irons fin août, dès que je serai libre de tout engagement.

Août 1969

Par l'itinéraire Heckmair, nous montons les premières pentes du socle. Le ciel est étoilé, prometteur. Sur le flanc du pilier calcaire, cette fois à notre gauche, une petite lumière révèle la présence d'une cordée encore au bivouac.

Cette partie du socle est facile. A la lumière de nos lampes nous nous glissons d'un couloir à un autre, de gradins en terrasses. Il faut cependant être attentif aux prises cassantes, aux roches brisées qui roulent sous les pieds.

Au lever du jour nous atteignons la base de la « fissure difficile », première difficulté notoire. Le passage exposé domine une zone plus raide du socle. Au-dessus, la paroi se redresse. C'est au pied de la fissure que s'achève le socle et commence le mur de l'Eiger.

Plus haut, nous découvrons la traversée Hinterstoisser équipée de vieilles cordes décolorées, effilochées et, là où elles ont été coupées par les chutes de pierres, raccordées de nœuds inquiétants...

Le ciel se voile doucement. Après la traversée en une courte longueur verticale, nous atteignons le « Nid d'Hirondelle », petite terrasse abritée par un surplomb dont la forme arrondie et les striures de la roche font en effet penser à un nid d'hirondelle.

Sur le ciel, le voile prend de l'épaisseur et des teintes plus grises. Que faire? Il n'est rien de plus désagréable que ces instants d'incertitude où on ne sait quelle décision prendre.

Il est 6 heures. En continuant notre progression, nous aurons franchi la zone dangereuse avant les premières chutes de pierres. Les prévisions météorologiques étaient bonnes, mais le voile gris qui s'étend jusqu'au bout du ciel remet tout en question. Nous décidons d'attendre au « Nid d'Hirondelle ». Si le temps tourne au beau, nous reprendrons l'ascension dans la soirée, après les chutes de pierres, lorsque le froid saisit la paroi, quitte à franchir les névés de nuit. S'il se dégrade, descendre d'ici n'est pas un problème.

Une heure plus tard, il pleut. Les pierres dévalent les pentes. A l'abri de l'auvent de calcaire, nous les entendons passer à quelques mètres de nous en avalanches serrées. Nous sommes prisonniers du « Nid d'Hirondelle ». Rien d'autre à faire que dormir, attendre.

En fin d'après-midi, le rythme des avalanches ne s'est pas atténué. Le gel tarde à venir. Aux premières heures de la nuit, il ne pleut plus que de l'eau coupée de rafales de grêle. Nous commençons la descente. Tard dans la nuit, à 1 heure du matin, trempés comme on peut l'être à l'Eiger, nous rejoignons les premiers gazons.

— L'Eiger, c'est pas du gâteau! dit Janine qui s'en est vu de toutes les couleurs au cours de la descente, avec son sac alourdi, gonflé d'eau.

Elle s'en est vu à tel point que je me suis demandé à un certain moment si elle n'était pas en train d'inventer un nouveau procédé de rappel! Descendre en rappel la tête plus bas que les jambes, ce n'est pas habituel!

— Le sac m'entraîne! criait-elle dans la nuit.

Impitoyable, je lui répondais :

— Allons, Janine, sois sérieuse... arrête de jouer... Tu vois bien qu'il pleut, il faut rentrer au chaud!

— Tu ne vois pas que j'ai failli me foutre en l'air!

— Mais non, mais non, une fille comme toi ne tombe pas dans un rappel. Tu vois, Janine, l'Eiger c'est une affaire de patience, je l'ai déjà dit il n'y a pas si longtemps... Quand même, j'aimerais bien la gravir un jour, cette paroi!

Septembre 1970

Il n'est pas de saison où les montagnes soient plus belles qu'à l'automne. La clarté de l'air, les lumières frisantes purifient les couleurs, accentuent les reliefs, transfigurent les montagnes, les rendent plus aériennes.

Ce mois de septembre était le prélude d'un bel automne dont on parlerait longtemps. Comme ces hivers, ces étés que l'on n'a pas vus depuis vingt ans parce que trop enneigés ou trop secs ou encore sans deux jours de soleil consécutifs, et qui bien entendu se renouvellent tous les trois ans.

Au Parc des Nants, avec Simone, j'emménage notre chalet dont la construction est enfin achevée. Simone, passionnée de décoration, est plongée dans la joie de son installation. Elle sait tout faire, ne commet jamais une faute de goût. Décoratrice dans l'âme. Si elle voulait vivre de ce métier, elle ferait fortune.

Alertée par la persistance du beau temps, Janine revient à Chamonix. Bouillante d'impatience, elle me dit :

— L'Eiger, c'est le moment. Plusieurs cordées viennent de gravir la face nord. Les conditions y sont exceptionnellement bonnes.

Comment résister?

Deux amis, Jean Raphose et Daniel Stolzenberg, guides dans la vallée de Chamonix, se joignent à nous. A quatre nous formons une équipe solide.

Je laisse Simone à ses installations et, encore une fois, je prends la route de Grindelwald. Le temps est au grand beau. La vie est belle. Tout semble parfait... Là-haut nous attendent des moments que nous n'oublierons pas de si tôt!

A la nuit, après le passage du dernier train, nous pénétrons dans la montagne par le tunnel du funiculaire. Mon intention est de bivouaquer dans la paroi, à la hauteur de la première fenêtre. Demain nous gagnerons deux heures. La partie du socle, ainsi effacée, ne présente pour Janine aucun intérêt. Elle la connaît suffisamment pour l'avoir montée et surtout descendue dans des conditions autrement difficiles. Depuis quelque temps, Janine souffre du dos, une histoire de vertèbres sans grande importance mais gênante dans certains mouvements. Pour ce motif et par mesure de sécurité, j'ai préféré que nous soyons quatre.

Dans le halo de nos lampes frontales, nous montons vers la « fissure difficile ». La nuit est étoilée et froide. Janine, très en forme, progresse régulièrement. Un peu lentement sur ce terrain qu'elle ne possède pas encore bien. Mais elle monte sans à-coups. Elle a le souci constant de s'économiser. Dans ces passages délicats mais pas assez difficiles pour tirer les sacs, chacun porte le sien.

Dans la paroi, les conditions sont idéales. Pas la moindre petite pierre. Le rocher est sec. Du verglas par endroits en abondance, mais les crampons aux pieds règlent ce problème. Je ne reconnais plus l'Eiger. Sur le deuxième névé où j'ai vécu des instants dramatiques, nous montons tranquillement, longueur après longueur, sans inquiétude aucune. Janine découvre la paroi avec ravissement. Elle en rêvait depuis des années. Cette fois, elle y est.

— C'est formidable! dit-elle par moments.

Un rayon de soleil vient dorer les neiges du troisième névé où nous installons notre bivouac. Janine, assise sur son sac, est comblée de bonheur. Nous baignons dans la belle lumière, la douce félicité d'une fin de journée sans égale. L'Eiger, ce soir, nous paie de tous nos efforts. La vallée, moins agitée en cette fin de septembre, reste silencieuse. Les pulsations de la vie y semblent ralenties. Au loin, l'immense troupeau des sommets se fixe dans son éternelle immobilité... Les flots bleus de la nuit coulent sur les hautes falaises.

Au matin du deuxième jour, le ciel tient ses promesses. Le temps reste splendide. Nous traversons le troisième névé jusqu'à la rampe. Janine, plus aguerrie à l'escalade rocheuse, progresse lentement dans ces traversées inhabituelles pour elle, mais elle le fait bien, toujours parfaitement en équilibre sur les pointes des crampons.

La rampe, la célèbre oblique aux cascades glacées, est figée dans les premiers froids de l'automne. Verglas, glace abondante à la sortie; sous le ciel bleu, un plaisir de l'escalade mixte. Nous faisons une longueur sous la « Traversée des Dieux » qui conduit à l'Araignée et, bien avant la nuit, sur une vire de rocher rouge et délité, nous préparons un deuxième bivouac. Le seul endroit convenable avant le haut de l'Araignée.

Sur le deuxième névé, deux cordées progressent vers le « bivouac de la mort » où elles passeront la nuit.

Au cours de la nuit, Janine, éveillée, voit l'horizon s'enflammer de nombreux éclairs. Comme nos deux compagnons, je dors profondément.

Au matin, Janine nous fait part de ses observations. Nous ne sommes pas très inquiets. Le ciel est toujours beau. Aucun signe alarmant. Je pense d'autre part que les cordées montant derrière nous ont des renseignements météorologiques récents. Ils ne se sont pas engagés dans la paroi sans prévisions optimistes. Ce soir, nous serons au sommet.

La « Traversée des Dieux » est d'une exposition fascinante. Deux longueurs horizontales au bord du vide, de gauche à droite, jusqu'à la pente de glace de l'Araignée.

Janine ne se sent pas à l'aise dans cette traversée. Elle se déplace sur les pointes des crampons avec d'infinies précautions. Elle demande à Daniel de l'assurer sur une deuxième corde. Entre deux cordes elle se sent mieux. L'exposition est effectivement prodigieuse. Quel soupir lorsqu'elle me rejoint au-delà de la traversée!

— Ouf! dit-elle, je ne voudrais pas avoir à la refaire dans l'autre sens.

Depuis un moment, le ciel prend des teintes bizarres. Au sommet de l'Araignée, nous remontons une série d'étroits et courts couloirs. Les deux cordées aperçues hier nous rejoignent : Yves Pollet-Villard et Pierre Blanc, professeurs à l'Ecole nationale d'alpinisme, et deux aspirants guides, Jean Duprat et Jean-Claude Duthel. Nous sommes dans la partie terminale de la paroi.

Le temps devient alarmant. Une longue barre grise couvre l'horizon de l'est à l'ouest. Elle avance vers la paroi comme un immense raz de marée, engloutissant les sommets sur son passage. Dans moins d'une heure, l'énorme rouleau de nuées fondra sur l'Eiger. Yves et Pierrot s'éloignent vers la gauche pour emprunter les cheminées de la sortie originale. Par des passages plus difficiles mais plus courts, je sais qu'il est possible de sortir tout droit. La tempête s'annonce violente. Il faut sortir de là avant l'arrivée de la neige. C'est une question de minutes.

Cinq mètres au-dessus de nous, un piton rouillé indique la voie à suivre. Au passage, je mousquetonne la corde. Une fissure ascendante conduit jusqu'au pied d'un dièdre fissuré, haut d'une vingtaine de mètres. Les premiers flocons de neige projetés par le vent blanchissent le rocher autour de nous. Mains dans la fissure, pieds à plat sur le mur, je me précipite vers le dièdre. Au sommet du dièdre, un surplomb me renvoie vers la gauche sur une dalle lisse. Un passage en adhérence, et c'est la pente de neige. Il était temps! Cinq minutes plus tard, je n'aurais pu franchir cette dalle maintenant recouverte de plusieurs centimètres de neige. La pente qui suit s'incline. Deux longueurs plus haut, j'entrevois, dans un tourbillon de neige, une arête secondaire qui aboutit à la pente de neige sommitale.

Yves, Pierrot et les deux aspirants guides reviennent vers Daniel et Jean qui attendent que Janine me rejoigne. Les cheminées qu'ils comptaient remonter sont déjà transformées en couloirs d'avalanches.

Nous envoyons la corde à nos compagnons et tous franchissent, assurés, un dernier passage devenu dangereux. C'est le jeu et la tradition. Nous ne sommes pas dans une école d'escalade, et s'engager sans aucune sécurité, par orgueil, dans un passage hasardeux, s'il est possible de faire autrement, serait une aberration.

Sur l'arête, le vent souffle avec une force accrue. Impossible de s'y tenir debout sans risquer d'être renversé par les rafales. Sur cette arête dénudée il n'y a rien, pas le moindre relief pour se protéger de la tempête. Il faut rester là, sur place, jusqu'au jour. Au moins nous ne sommes plus dans la face nord.

Janine s'installe entre Jean et moi. Après avoir retiré nos crampons, nous nous glissons dans les sacs de couchage sans pouvoir les remonter plus haut que la taille. Assis sur nos sacs à dos, tous trois attachés au même piton, nous rabattons la tente de bivouac. Le vent s'engouffre par en dessous, la gonflant comme un ballon. Nous devons la maintenir solidement dans les mains. Un combat répété à chaque rafale plus fréquente et durant toute la nuit.

Yves et Pierrot sont chacun dans une tente individuelle. Daniel et les aspirants guides un peu en dessous de l'arête. Ces deux derniers n'ont pas retiré leurs crampons, une négligence qui leur coûtera des gelures graves. La nuit va être longue...

Le vent s'acharne sur l'arête sans une seconde de répit. Les coups de vent, on le saura plus tard, ont atteint des pointes de cent cinquante kilomètres à l'heure. Impossible d'allumer un réchaud, d'obtenir une quelconque boisson.

La nuit s'éternise. Il est 2 heures du matin lorsque, dans le vacarme de la tempête, Janine crie quelque chose.

— Quoi?

— ... L'envie... pipi...

— Comment?

— J'ai envie de pisser! crie-t-elle plus fort.

— Tu peux pas attendre?

— Non!

— Jean!... Ohé... Jean!...

— Oui.

— Janine a envie de faire pipi!

— Quoi?

Plus fort :

— Janine veut pisser.
— Ah bon!
— Tiens bon la tente de ton côté.
Je la tiens solidement pendant que Janine la lâche.
— Vas-y, Janine.
— Où je vais? dit-elle.
— Tu fais ça sur place. Où veux-tu aller?
— Comment je vais faire?
— Tu descends ton pantalon et tu pisses.
— Je ne vais pas y arriver.
— Mais si, tu vas y arriver.
Elle se contorsionne dans tous les sens et, après un bon quart d'heure de préparatifs, finit, en partie allongée, à faire son pipi acrobatique. Puis elle reprend une position normale et... pousse un grand cri :
— MON SAC!... Mon sac n'est plus là!
Son sac, sur lequel elle était assise, a glissé emporté par une rafale... Le sac de couchage aussi, et ses gants de rechange. Elle est catastrophée par la perte de son matériel.
— Ne t'inquiète pas, Janine, j'ai encore une paire de gants dans mon sac, et ce soir nous sommes en bas.
— Oui, mais mon sac... J'ai perdu mon sac... répète-t-elle.
— On en trouvera un autre.
Ça ne la console pas pour autant.
Une pâle clarté traverse la toile. La tempête ne s'est pas calmée un seul instant et nous redoutons de gravir les dernières longueurs dans la violence du vent.
La tempête peut tomber dans quelques heures comme elle peut durer plusieurs jours.
Un long moment d'hésitation et nous partons vers le sommet. De l'autre côté, en perdant de l'altitude, le vent sera peut-être moins fort. Nous devons nous accrocher ferme au

piolet pour ne pas être renversés par les rafales qui projettent des particules de glace griffant douloureusement le visage. Les lunettes couvertes de glace se soudent aux sourcils. Nous avançons en aveugles.

Pierre et Yves montent devant. Ils sont à peine à dix mètres et je ne les vois pas.

Pensant y voir plus clair, Janine enlève ses lunettes. Le vent lui cingle les yeux. Elle les ferme et le givre lui colle les paupières. Elle se frotte les yeux pour retirer la glace où les cils restent pris et avance de quelques mètres en titubant, puis remet ses lunettes pour les ôter à nouveau un peu plus loin.

Tout à coup, je m'arrête stupéfait. Une ombre dans le brouillard à droite, sur la pente dominant la face nord.

Incroyable! une cordée sort de la face nord par un itinéraire direct. Hier, pourtant, nous n'avons aperçu aucune cordée dans la paroi. D'où viennent-ils? J'avance encore de quelques pas. Non, ce n'est pas une cordée, c'est Yves. Que fait-il là?... Un coup de boutoir plus violent l'a basculé dans la face nord. Il remonte, Pierrot l'assure. La pente transformée en arête sous le sommet devient horizontale. Sans nous arrêter, nous franchissons le sommet. L'arête s'infléchit, plonge sur l'autre versant. Janine avance lentement, trop lentement, elle se sent très fatiguée, se plaint de la soif. On le serait à moins après ce que nous venons de subir depuis hier soir, une nuit sans sommeil, vingt-quatre heures sans boire.

Cent mètres en contrebas du sommet, le vent perd un peu de sa violence. Yves, Pierrot, les aspirants guides continuent. Je pense qu'ils descendent trop à gauche. La visibilité est courte pour s'orienter efficacement mais, à mon avis, ils tirent trop à gauche dans la pente de neige qui, huit cents mètres plus bas, aboutit sur une chute de séracs. Je le leur dis. Dans le vent m'ont-ils entendu?

Nous restons sur place, espérant apercevoir entre deux bourrasques une indication pour descendre en diagonale à droite, vers l'arête séparant la face ouest de la face nord. Dans cette face, la voie de descente est à gauche de l'arête.

Yves remonte et traverse dans la face vers l'arête. Jean et Daniel le rejoignent en faisant une bonne trace pour Janine, que j'assure depuis l'arête; le haut de la pente étant raide, je préfère avoir un point solide.

De plus en plus lente, hésitante à chaque pas, elle avance, rejoint nos compagnons et s'effondre dans la neige.

— Viens vite, René! dit Yves. Janine se sent mal.

Que se passe-t-il?

Elle me dira plus tard : « Mes jambes étaient en coton. A chaque effort je sentais des douleurs thoraciques qui irradiaient dans mes bras. Je pensais à l'infarctus. »

Je rejoins le groupe figé dans la pente. Janine, allongée sur le dos, le visage aussi blanc que la neige, reste dans une immobilité angoissante.

Il est 16 heures. Le brouillard s'épaissit. Dans moins de trois heures il fera nuit. De toute façon le bivouac est inévitable. Nous montons les tentes. En contrebas d'un rocher, je taille une petite terrasse. Un piton, un piolet servent d'amarrage.

Janine semble récupérer, elle va mieux. Nous nous glissons sous la toile. Je lui donne mon sac de couchage. Sous la tente bien fermée nous sommes enfin à l'abri des bourrasques de neige. Je m'apprête à faire des boissons chaudes, mais je me souviens que la casserole du réchaud se trouvait dans le sac de Janine.

Avec la nuit, le vent redouble de force. Assis sur mon sac, j'attends le jour...

Je me suis endormi. Une secousse brutale me réveille. Une partie de la terrasse vient de s'effondrer. Je suis passé au travers du tapis de sol qui s'est déboutonné sur toute sa longueur. Debout dans la neige, je m'inquiète de Janine. Elle n'a pas bougé. Elle est toujours allongée sur le restant de terrasse. Mon sac a disparu. Le réchaud, heureusement, est resté dans le fond de la tente. Mon Nikon est parti avec le sac, et six rouleaux de diapositives, toutes les photos de l'ascension de la face nord. Je regrette davantage les photos que l'appareil.

Le jour pointe. Le vent s'est un peu apaisé mais le brouillard reste dense. Yves m'apporte une gamelle, et Janine, se sentant mieux, prépare des boissons chaudes pour tous, du moins pour ceux qui se manifestent.

Le temps passe, nous attendons une éclaircie. Il serait imprudent de s'engager n'importe où dans cette descente. Le brouillard se déchire, une éclaircie suffisante pour voir où nous en sommes, puis tout s'efface, redevient blanc.

Jean Duprat et Jean-Claude Duthel sont toujours sous leur tente, silencieux.

Daniel, Jean, Yves et Pierrot sont prêts. Dans la nuit, une coulée a embarqué le sac de Pierrot avec ses chaussures. Heureusement, il a conservé aux pieds les doubles chaussons de feutre et de cuir. Il les entoure de vêtements pour les fixer sur les crampons. Pour Janine et moi, les sacs sont vite faits...

Que font les deux aspirants guides toujours silencieux? Yves ouvre leur tente, les tire d'un mauvais sommeil.

Pour faciliter la descente de Janine, je pose une corde fixe. Elle fait cinq mètres et s'écroule. Jamais elle ne pourra descendre les mille sept cents mètres. Nous la plaçons dans un sac de couchage et, ligotée comme une momie, tantôt nous la laissons glisser sur la pente en la retenant, tantôt nous la portons. Je fais la trace devant et pose une corde fixe tous les cinquante mètres. Ceux qui suivent récupèrent les cordes. Quand je n'ai plus de corde, j'attends que le groupe me rejoigne et je repars au plus vite.

La journée passe à une vitesse effarante. Le brouillard reste collé à la montagne. Je cherche la route au plus facile. La pente devient moins raide. Une haute barre de séracs se dessine à ma gauche, nous sommes sur la bonne voie. Ce n'est pas l'itinéraire classique de la voie normale de l'Eiger, mais je sais que là, même de nuit, aucun obstacle ne nous empêchera d'atteindre le pied de la montagne. La barre de séracs est uniforme, sans cassure. Nous ne risquons aucune avalanche de glace.

Sur la neige un petit point rouge attire mon attention. C'est étonnant, j'ai la certitude qu'il s'agit du sac de nylon contenant mes pellicules. C'est bien lui! Je ne retrouve rien d'autre. Juste le sac et les pellicules, mille mètres au-dessous du bivouac, dans une face aussi large, incroyable!

Le jour baisse, le brouillard moins dense permet une meilleure visibilité. Nous apercevons enfin les lumières de la Petite Scheidegg.

Un guide français monte à notre rencontre, c'est un ami du guide Jean-Marc Bois parti sur l'arête de Mittelegi et dont on n'a pas de nouvelles. Depuis plusieurs jours il cherche des traces de la cordée disparue.

Nous quittons le glacier pour les faciles gradins qui descendent en pente douce vers Eigergletscher.

— Laisse ta cliente là, me dit-il, nous viendrons la prendre demain matin. Le secours entre en action demain à 6 heures.

— Quel secours? Nous n'avons rien demandé! Nos familles non plus! Nous étions capables de descendre Janine nous-mêmes, et nous ne l'avons pas transportée jusqu'ici pour lui laisser passer la nuit dehors.

Je reste avec Janine. Mes compagnons descendent jusqu'à la station. Une heure plus tard, des ouvriers du chemin de fer nous rejoignent et transportent Janine à Eigergletscher... où elle boit deux litres de thé et dévore une boîte de fruits au sirop.

Ce qui arrivait à Janine me paraissait inexplicable. Je la savais solide, résistante, elle me l'avait déjà prouvé au cours de différentes ascensions : les Grandes Jorasses, l'Olan...

Après un long séjour en clinique où on l'amputera de plusieurs doigts, les analyses lui apprendront qu'elle était diabétique. Ce qui expliquerait sa soif intense avant d'attaquer l'Eiger. Un signe peut-être, mais de là à penser diabète! C'était imprévisible. Pour elle aussi, et pourtant elle est médecin.

Aujourd'hui Janine a repris la route des sommets. Elle a su s'arranger de son diabète. Malgré les heures dramatiques qu'elle a passées sur l'Eiger, son amour pour la montagne est resté intact. Ses phalanges coupées sont pour elle les stigmates de sa passion et, aussi longtemps qu'elle le pourra physiquement, elle continuera. Bonne route, Janine!

8

L'intégrale de Peuterey en solitaire

Après la tragédie de la face nord des Grandes Jorasses en février 1971, les échecs de l'hiver 1972 où toutes nos tentatives pour gravir la paroi furent repoussées par le mauvais temps, le doute s'était glissé en moi, à un degré tel que je me demandais si c'était le mauvais temps qui m'avait repoussé ou moi qui n'avais pas osé m'engager véritablement.

L'excellent Giorgio, au jugement sain et clair, s'efforçait de me rassurer. Il me répétait, lorsqu'il me voyait ruminer de sombres pensées, qu'il était véritablement impossible de gravir la face nord cet hiver-là. Je le croyais, bien sûr. Et pourtant, à aucun moment de mon existence je ne m'étais senti aussi abattu. Constamment flottait en moi l'idée que, durant toute ma vie d'alpiniste, je buterais contre cette paroi.

Au cours de l'été 1971, j'avais refait des escalades difficiles, ouvert plusieurs voies en calcaire exposé, afin de savoir si mes réflexes, mes réactions physiques étaient toujours aussi solides. Je ressentais, six mois après le drame des

Jorasses, des fatigues pour moi anormales. La récupération était longue, moralement surtout. Physiquement, avec le temps, je retrouverais, je le savais, mes forces d'antan, mais psychiquement ce serait peut-être différent. Aurais-je de nouveau la vitalité, l'énergie, la volonté indispensables pour conduire une grande ascension? Pour savoir où j'en étais, pour reprendre confiance en moi, je devais faire ma propre analyse, seul, sur le terrain, m'engager dans une longue course solitaire, où le retour, si j'échouais, serait compliqué, difficile.

L'arête intégrale de Peuterey, dont la première en solitaire restait à faire, me paraissait tout indiquée pour cette épreuve.

Cette arête est la plus belle des Alpes, la plus longue, la plus difficile. Depuis l'attaque de l'arête sud de l'aiguille Noire, elle se développe sur plus de cinq kilomètres jusqu'au sommet du Mont-Blanc. Toutes les techniques de l'alpinisme classique sont rassemblées dans cette ascension : escalade rocheuse et glaciaire, descente en rappel. Une ascension exceptionnelle pour un amateur de haute montagne.

Je m'arrêtai sur ce projet et me préparai à l'affronter.

Dès le mois de juin, je m'entraînai sur les falaises calcaires de l'aiguille de Platé où je grimpe souvent seul. Haute de six cents mètres, elle offre un choix d'itinéraires aux difficultés variables. Le cadre y est splendide. On domine le plateau d'Assy, Le Fayet, Saint-Gervais. Au-delà se dressent les faces nord des Miages, Bionnassay, le Mont-Blanc. Sur l'autre versant de l'aiguille, des prairies aux pentes raides, puis douces vers le bas, descendent jusqu'aux alpages de Platé. Au mois de juin, après la fonte des dernières plaques de neige, les gentianes, les anémones, les androsaces, les myosotis explosent en larges tapis aux couleurs diversifiées.

Des jardins naturels où la disposition des fleurs de différentes espèces semble orchestrée par un génial jardinier. Les coulées de pierrailles, les blocs de calcaire, issus d'anciens éboulements, forment de géantes rocailles dont les couleurs changeantes, de la roche et des lichens, offrent aux yeux le spectacle d'une parfaite harmonie comme seule la montagne peut le faire.

Lorsque, après une escalade solitaire, on arrive au sommet des falaises, le corps vibrant d'émotion et de plénitude, le jardin s'ouvre, féerique, apaisant, riche d'une douce poésie.

L'aiguille de Platé est pour moi une sorte de baromètre de la forme. Je l'escalade en général, lorsque je suis seul, par un itinéraire T.D. (très difficile selon les cotations en vigueur). Et suivant l'horaire, le degré d'essoufflement, je sais où j'en suis. Mon meilleur temps est de une heure trente. Aussi les quatre heures du premier essai n'étaient pas pour me rassurer. Je devais faire mieux. Je repris le footing sur les sentiers du Brévent, l'école d'escalade et fis plusieurs courses dans les aiguilles de Chamonix. Le troisième essai ramena le temps à trois heures. Ce n'était pas mal, mais le souffle restait un peu court.

Pour changer de décor, je partis ouvrir dans le Dévoluy deux nouveaux itinéraires.

Au cours d'un repas avec des amis, un pot de grès se brisant dans mes mains, je m'entamai profondément le majeur de la main droite. Je me retrouvai avec un doigt recousu, orné d'une magnifique poupée. Quinze jours sans escalade, m'annonça le chirurgien. J'étais fou de rage qu'un accident aussi stupide remît tout en question. Enfin le doigt ne m'empêchait pas de marcher. Il restait les courses de neige.

Je repris l'entraînement en salle de gymnastique, en école

d'escalade, avec un doigt en l'air je fis la traversée du Mont-Blanc et quelques autres promenades neigeuses.

Une période de mauvais temps vint prolonger l'attente.

Enfin, au mois d'août, le temps s'améliora. Mon doigt me gênait encore énormément. Les fils étaient retirés mais il restait sensible, douloureux au contact. Après le drame encore récent des Grandes Jorasses, me voir partir seul dans cette longue ascension n'enchantait guère Simone.

— Avec ton doigt, que veux-tu faire là-haut? dit-elle.

Je décidai de partir sans plus attendre.

Dans mon sac, trois jours de vivres, deux recharges de gaz et le réchaud, le matériel de bivouac, quinze pitons dont trois broches à glace, un marteau, un piolet, les crampons, un rappel de quarante-cinq mètres en deux cordes de neuf millimètres, plus un rappel de sept millimètres et de même longueur en secours.

Je connais l'arête nord de l'aiguille Noire pour en avoir fait la première ascension. La descente sur la brèche des « Dames Anglaises » n'est pas des plus faciles : quatre cents mètres, une dizaine de rappels, une corde coincée peuvent poser bien des problèmes. Il est bon, quand on est seul, d'en avoir une en secours. Si je n'en ai pas l'utilisation, je laisserai la neuf millimètres à la brèche sud des « Dames Anglaises ».

Le sentier du refuge de l'aiguille Noire de Peuterey est le plus beau versant sud du Mont-Blanc. Il serpente d'abord sur un large cône d'anciens éboulis où l'herbe, les rhododendrons et les conifères rabougris ont recouvert la pierraille, puis, plus escarpé, il se glisse entre les ressauts d'une muraille haute de plusieurs centaines de mètres où coule une fraîche cascade issue des névés de l'aiguille Noire. Par endroits, de courts passages d'escalade facile agrémentent la montée, lui ôtent toute monotonie.

Au début de l'après-midi, je gravis les dernières pentes d'éboulis sous le refuge accolé à un mur de roche orangée. A ma gauche, face au refuge, au-delà des moraines où ruissellent les eaux de fonte, l'arête sud s'élance en ressauts vertigineux sur mille mètres de haut.

Le refuge est encore désert. Ce soir, les cordées monteront. L'aiguille est en parfaite condition. Par un temps aussi beau, au mois d'août, la maison ne restera pas longtemps vide. Les guides viendront avec leurs clients avant la nuit, les amateurs aussi. Demain il y aura foule sur l'arête est, la voie normale de l'aiguille Noire.

Venant de l'ouest, un hélicoptère franchit l'arête sud. L'écho de la turbine emplit de vacarme le cirque formé par les arêtes. Il longe l'arête sud, passe en face ouest, revient en face est et disparaît derrière le sommet.

Le bruit de l'appareil qui rôde en face nord reste perceptible. Bientôt il revient par l'arête est, fait le tour du sommet et repart vers le nord. C'est évident, il cherche quelque chose. Peut-être une cordée en difficulté...

Les premières cordées arrivent au refuge. Je reconnais des guides italiens et français. Les salutations sont en général assez brèves : « Salut! Ça va? Le temps est beau, il va tenir... » Chacun vaque à ses occupations : préparation du repas, etc. Des regards rapides vers le guide sans client, des échanges à voix basse : « Il est seul... Où va-t-il? »

Il n'est pas convenable pour un professionnel de grimper en solitaire. Pour être admis et reconnu parmi les guides locaux, il est préférable d'être avec des clients. Un guide honnête ne se promène pas seul en montagne, ça cache quelque chose. Depuis que le métier existe, c'est comme ça. Ce n'est pas la bonne façon de devenir vertueux au sein de la profession.

Dépenser de l'argent en montagne au mois d'août, ou ne pas en gagner, ce qui revient au même, ça veut dire quoi?... Satisfaire une passion quand on est guide! Allons donc!... C'est assez dangereux comme ça, avec des clients! Faire le zigoto en montagne, tout seul, au mois d'août, il faut avoir du temps à perdre! Pourquoi ne pas se contenter d'être un guide comme les autres? Tout le monde s'en porterait tellement mieux! Consacrer les rares beaux jours du mois d'août à grimper en solitaire lorsque les guides ne peuvent satisfaire aux nombreuses demandes d'engagement, c'est afficher un dédain inacceptable pour ses pairs.

Comment leur dire : « J'ai besoin de faire cette ascension en solitaire, c'est une nécessité vitale. Je dois achever la voie aux Grandes Jorasses »? J'entends les ricanements. Mieux vaudrait parler à un mur, au moins en recevrais-je les échos.

Le soir tombe. Une dernière cordée arrive au refuge. Deux alpinistes français. Demain ils graviront l'arête sud. L'un d'eux m'apprend une triste nouvelle. Le guide Dominique Mollaret est mort sur son rappel en descendant l'arête nord. Il avait entrepris l'intégrale de Peuterey en solitaire, sa corde s'est coincée dans un rappel difficile. Il est vraisemblablement mort d'épuisement en essayant de la récupérer. L'hélicoptère, c'était donc ça.

— Je n'aurais peut-être pas dû te le dire!

— Si, tu as bien fait.

Mourir pour un rappel coincé! Dans un ciel aussi bleu! Ne pas commettre d'erreur, c'est bien le plus difficile. Mais qui ne commet jamais d'erreur?

A 2 heures du matin, les cordées pour l'arête est s'apprêtent. Une bonne partie de l'itinéraire peut se monter de nuit avec le seul éclairage des lampes frontales. Ceux de l'arête sud suivent le mouvement. Les bruits des pitons, des mousquetons s'ajoutent aux ronflements des réchauds.

La porte du refuge n'en finit pas de s'ouvrir, de se fermer. Chacun va, ponctuellement, pisser à l'angle du refuge. Là où en pleine journée, quand le soleil tape, ça sent l'urine.

Je m'enfonce davantage dans mon sac de couchage. Je partirai au grand jour. Je n'ai pas l'intention de faire un horaire, de courir sur l'arête. Non, je ne veux pas établir un record, mais me retrouver seul avec moi-même, grimper pour le simple plaisir de grimper, sans avoir à consulter ma montre tous les cent mètres.

La porte se ferme sur la dernière cordée. Je me rendors.

Une lumière vive pénètre par la fenêtre du refuge. Le soleil donne en plein dans la face est. Une cordée se découpe sur l'arête sud. Une autre beaucoup plus bas, dans le même itinéraire, traverse sous l'aiguille Gamba. Ils ne sont pas en avance. Ce soir, ils bivouaqueront dans la descente.

J'allume le réchaud et prépare un solide petit déjeuner.

Je les ai surpris vers le milieu de la moraine, après le ruisseau. Un gros rocher me cachait à leur vue. Quatre adultes et deux chevreaux. Ils bondissent dans la pente, les deux petits à la traîne. La mère s'arrête cent mètres plus loin, inquiète, elle les attend. Encore maladroits sur leurs pattes arrière écartées, ils courent la rejoindre en dérapant sur les lichens humides.

A l'aiguille Bifide je rejoins une cordée de deux alpinistes. Ils accélèrent l'allure en me voyant. Ne voulant ni faire la course ni être talonné de trop près, je décide une pause, grille une cigarette et prends quelques clichés.

Les heures s'écoulent doucement, délicieuses. Au pied de l'aiguille Brendel où se trouve engagée la cordée qui me précède, je m'offre le luxe d'un thé. C'est bon de laisser passer le temps, de flâner sans avoir à se dire : il faut rentrer ce soir.

Au crépuscule, sous le sommet de l'aiguille Noire, je m'installe pour la nuit. Un point lumineux, un satellite traverse le ciel d'un horizon à l'autre. Je le verrai encore deux fois avant de m'endormir.

L'aventure, la grande aventure, elle est là-haut, dans les espaces infinis. Les plus jeunes, leurs enfants seront peut-être ces explorateurs formidables, au-delà de l'espace, au-delà du temps.

La montagne, que sera la montagne pour l'homme dans cinquante ans, dans un siècle? Que sera devenue la maîtresse sublime, fécondatrice de joie, de passion..., de mort? L'alpinisme, au-delà de tout amour, va-t-il devenir un simple sport de record? Acrobatie! Rapidité! Déjà en Russie il existe des championnats du monde de vitesse en école d'escalade! On assure les concurrents depuis le haut! Pourquoi pas sans corde? Ce serait plus vrai!

Les philosophies changent avec les générations. Au-delà de tout, le plus important est d'être vrai avec soi-même.

Un bon soleil déjà chaud me réveille. 9 h 30. Une montre, ça sert quand même, ne serait-ce que pour se rappeler qu'il est grand temps de sortir du sac de couchage.

La cordée qui me précédait descend l'arête est. Ils ont

bivouaqué cinquante mètres plus bas, dans la voie de descente. Je les croyais beaucoup plus loin.

Je gravis les derniers mètres du sommet. Le ciel est toujours clair. A l'ouest, quelques traînées nuageuses, insignifiantes. Il faudra quand même surveiller le ciel.

Cinq ou six mètres sous le sommet en versant nord, le premier piton de rappel. Un peu émouvant, le premier rappel. Ici, il engage. Après avoir retiré la corde, il faudra faire tous les autres jusqu'à la brèche des « Dames Anglaises ». Quatre cents mètres, ce n'est pas le bout du monde, mais se méfier des pitons, les vérifier tous, également les anneaux de corde, de sangle, surtout que les cordes glissent bien dans les anneaux. Dans le doute, laisser un mousqueton. Ils sont vertigineux, les rappels de l'arête nord!

Dans la deuxième moitié de la descente, une corde de rappel est en place. C'est, je pense, celle de Dominique Mollaret. Elle plonge sur quarante mètres dans un mur lisse dépassant légèrement la verticale. Le point de fixation du rappel est en retrait du bord rugueux. Entre l'anneau en sangle et la verticale de la corde, un angle très marqué. Le frottement sur l'angle rocheux et dans l'anneau en sangle n'a pas permis à Dominique Mollaret de récupérer sa corde. Une bonne corde mais un peu souple. L'allongement excessif n'a pas arrangé les choses. Je vérifierai d'en bas. Je pose un anneau plus long et laisse un mousqueton en place, la corde glissera mieux.

Au bas du rappel, mes pieds touchent à peine le mur. Je me balance sur la corde pour atteindre un vieux piton en place. Je rappelle ma corde. Malgré mes efforts, l'autre corde ne vient pas. Je me suspends sur un des deux brins avec un jumard, il s'allonge de plusieurs mètres. L'autre ne monte pas d'un seul centimètre. La corde est bien coincée.

Les rappels me conduisent très à gauche de l'arête, plus bas, dans le couloir se déversant sur le glacier du Freney. Un étroit couloir de roches brunes et délitées... Je me souviens, il y a longtemps, quinze ans déjà, je remontais ce même couloir pour gravir l'arête nord.

Le couloir n'a pas changé. Dans la durée du granit, quinze ans ne comptent guère. Quand je remontais ce couloir avec Jean Couzy, j'étais un amateur. Je grimpais pour la seule joie de l'escalade, le plaisir d'ouvrir une belle première alors convoitée.

Aujourd'hui je grimpe toujours. Le même amour m'habite, avec en plus le souci d'exister, les exigences du métier. Je ne suis pas moins heureux, mais ce n'est plus tout à fait la même chose. Pas facile de vivre de ce que l'on aime, d'être seul responsable de soi...

Dans la traversée sous les « Dames Anglaises », il n'y a pas de passage évident ou obligatoire pour atteindre la brèche nord. Seules les roches déliquescentes présentent un réel danger. La pierraille fuit sous les pieds. Sur les plans inclinés je contourne, sans les toucher, des blocs de granit marbrés de rouille. Posés sur les couches fluides, ils pourraient, si l'on s'appuyait dessus, se mettre en mouvement, déclencher une véritable avalanche de pierres. Un risque à ne pas courir — à ne pas faire courir aux autres surtout. Une cordée, encore invisible pour moi, pourrait bien être engagée dans le couloir.

J'atteins la brèche sud en début d'après-midi. Je pourrais, avant la nuit, franchir l'aiguille Blanche et atteindre le col de Peuterey. Le temps ne me presse pas davantage aujourd'hui qu'hier. Ici je serai bien pour bivouaquer. Sur la brèche, une minuscule cabane de bois où l'on peut tenir assis ou couchés à quatre, le refuge Graveri. A l'odeur de moisissure des vieilles planches je préfère la fraîcheur de la nuit.

Depuis la brèche, où j'ai laissé les cordes de neuf millimètres, j'avais le choix entre deux itinéraires pour rejoindre le fil de l'arête de l'aiguille Blanche : le versant Freney ou le versant Brenva. J'ai choisi ce dernier. Il est plus long, ce n'est pas le meilleur, le terrain y est instable. Je ne le connaissais pas, c'était l'occasion de le découvrir.

Mon sac plus léger me permet d'avancer plus vite. Le ciel, depuis le lever du jour, n'est plus aussi net. A l'ouest, des nuages s'amoncellent, plus sombres qu'hier.

Sur la fine arête de l'aiguille Blanche, j'enfonce dans la neige jusqu'aux genoux. Une corniche casse et tombe dans le versant Freney. Je laisse le fil de l'arête et passe plus bas, en versant nord, où la neige porte mieux.

Des nuées se forment sur le Mont-Blanc, s'étalent, se posent sur le sommet comme une grosse méduse. Des tentacules s'en détachent, s'étirent sur les pentes glaciaires. Un premier coup de tonnerre souligne les intentions du ciel. Le temps évolue à une vitesse surprenante. Un deuxième coup plus proche me fait sursauter. Un puissant souffle de vent se déchire sur l'arête.

Je fuis le sommet au plus vite. Un rappel et je descends à longues enjambées la pente de neige vers le col de Peuterey. Du col, par les rochers Gruber, je peux rejoindre le glacier du Freney cinq cents mètres plus bas, descendre le glacier, franchir le col de l'Inominata. Evidemment, seul, il faut compter sur les crevasses du glacier. Dans le brouillard, le vent, elles ne sont pas faciles à voir. Les rochers Gruber ne sont pas faciles non plus, mais en faisant attention... Il y a aussi les séracs du glacier supérieur du Freney. Ils cassent beaucoup cette année et rabotent une bonne partie du glacier, plus bas que les rochers Gruber, là justement où l'on doit traverser.

Je suis perplexe. Je n'arrive pas à me décider. Si l'on me posait la question : « Que faut-il faire dans ces cas-là? », sans hésiter je répondrais : « Descendre, perdre de l'altitude au plus vite. »

Mais je n'ai pas envie de descendre. En fait, c'est ça : je ne veux pas descendre. Je désirais une épreuve, savoir où j'en étais. Eh bien, c'est le moment!

Je soupèse les risques. Ils ne sont pas négligeables et dépassent de loin le raisonnable. Si l'orage persiste, le risque d'être foudroyé n'est pas exclu, il est même grand. Un autre danger objectif de taille : il commence à neiger, la neige va s'accumuler sur les pentes supérieures, des coulées vont se déclencher, c'est évident.

Sur les arêtes, au sommet, le vent soufflera dur. Mais ça, c'est différent, c'est à moi de m'en arranger. Là, je saurai si la carcasse tient toujours bon...

Je suis seul, seul à décider. Alors, que fais-tu? Alors, c'est le Mont-Blanc.

Je me suis posé la question et j'ai répondu.

Inutile d'attendre plus longtemps. Sur les hauteurs la neige s'accumule, ne lui laissons pas prendre une trop grande épaisseur.

Le vent chargé de neige s'enroule en longues spirales autour des piliers du Freney et les brumes mouvantes en rendent les formes imprécises.

Je sens monter en moi une joie féroce, comme il y a dix ans aux Grandes Jorasses, sur l'éperon Walker, avec Jacques Batkin.

Je traverse le col et gravis les pentes de neige de granit du pilier d'Angle. Un long trait lumineux sillonne le col. L'orage cogne sur le sommet de « la Blanche ». Je suis l'arête du pilier d'Angle, contourne les ressauts rocheux en passant d'un versant à l'autre. Des ondées de grésil crépitent sur les dalles. Bientôt le rocher disparaît, j'avance en pleine neige. Sur l'arête, la neige devient profonde. Ma progression se ralentit, j'enfonce trop. J'oblique un peu à droite. La neige est moins épaisse dans la pente. Autour de moi le brouillard s'est resserré, ma visibilité est limitée à quelques mètres. Brouillard blanc, neige blanche, tout se confond.

Sous mes pieds, la neige devient dure. Seules les pointes des crampons y pénètrent : je vais monter plus vite. Je ne tarde pas à déchanter, ça sonne le creux : une plaque à vent!

Angoissantes, ces plaques à vent, on ne peut savoir si elles tiennent ou si elles vont partir. Traverser à droite? à gauche? Je ne sais pas où cette plaque commence ni où elle finit. Je continue tout droit en posant les pieds sans à-coups. Ouf! la neige redevient profonde.

Une masse sombre dans le brouillard : un rocher. Je monte dans sa direction. Je le croyais loin, il est tout près. Le brouillard fausse les distances. Je m'arrête un moment en aval du rocher. Je ne dois plus être loin du Mont-Blanc de Courmayeur. Un froissement dans la pente : une coulée vient de partir. Elle se divise en deux au-dessus du rocher et se reforme en dessous. Elle n'est pas encore importante; plus bas, elle s'élargira et deviendra avalanche.

Je poursuis mon ascension dans la trace de la coulée. La neige partie n'est plus à partir.

Ça y est, je l'ai vue. Une seconde seulement, le brouillard s'est vite reformé. Mais je l'ai vue distinctement, la corniche. Quarante mètres au plus. Encore une fois je me trompe; elle est à dix mètres.

L'orage s'est éloigné : quelques coups de tonnerre roulent encore dans les lointains. Au Mont-Blanc de Courmayeur le vent souffle sans désemparer. Me maintenir debout devient difficile. Courbé en avant, appuyé sur mon piolet et contre le vent, j'avance vers le sommet du Mont-Blanc quelque part devant moi. Une seule inquiétude : la corniche à ma droite. Je dois m'en tenir écarté le plus possible sans trop aller à gauche vers la pente. Ce n'est pas évident sans visibilité. Le vent, la neige me brûlent le visage.

La pente s'incurve. Je descends dans un creux où le vent s'engouffre, plus violent. Je suis au col Major. Le sommet est juste au-dessus de moi. La pente plus large monte régulièrement. La neige devient plus dure; par endroits la glace apparaît. J'avance sur une arête horizontale. Ma joie éclate. Je lance mon casque en l'air, le vent l'emporte au large du sommet, dans la face nord.

Plus que cette première solitaire, mon bonheur est de savoir que mes forces vitales sont encore intactes, qu'il y a et qu'il y aura pour moi dans ce monde d'autres sommets, d'autres parois. Non, rien n'est fini, tout est possible tant que demeurent la volonté, l'amour, la joie d'exister.

Mas de la Bane,
le 4 mai 1979.

Table des matières

LA COMPOSITION ET L'IMPRESSION DE CE LIVRE
ONT ÉTÉ EFFECTUÉES PAR FIRMIN-DIDOT S.A.
ACHEVÉ D'IMPRIMER LE 5 SEPTEMBRE 1979

Imprimé en France
Dépôt légal : 4e trimestre 1979
N° d'éditeur : 1516
N° d'impression : 4666

PROFESSIONNEL DU VIDE